August Heerwagen

Beiträge zur Kenntnis des Kieferganmenapparates der Vögel

August Heerwagen

Beiträge zur Kenntnis des Kieferganmenapparates der Vögel

ISBN/EAN: 9783743645097

Hergestellt in Europa, USA, Kanada, Australien, Japan

Cover: Foto ©berggeist007 / pixelio.de

Weitere Bücher finden Sie auf **www.hansebooks.com**

Beiträge zur Kenntnis des Kiefergaumenapparates der Vögel.

Inaugural-Dissertation

zur

Erlangung der Doktorwürde

der

hohen philosophischen Fakultät der Friedrich-Alexanders-Universität zu Erlangen

vorgelegt von

August Heerwagen

aus Nürnberg.

Nürnberg.
Druck der Kgl. Bayer. Hofbuchdruckerei G. P. J. Bieling-Dietz.
1889.

Einleitung.

Seit längerer Zeit habe ich mich mit dem Studium der Morphologie des Vogelschädels, insonderheit des Kiefergaumenapparates, beschäftigt und war es mein hauptsächliches Bemühen, die Unterschiede in der Konfiguration desselben von mechanischen Gesichtspunkten abzuleiten und zu begreifen. Die Notwendigkeit einer solchen einseitigen Behandlung des Gegenstandes ergab sich mir nun so entschiedener, als ich immer mehr die Schwierigkeit der zu lösenden Aufgabe erkannte. Namentlich ist es die schwer durchzuführende Sonderung der vererbten Eigentümlichkeiten von den durch sekundäre Anpassungen hervorgerufenen Variationen, welche die richtige Deutung der uns am Vogelschädel entgegentretenden morphologischen Modifikationen von allgemeinerem Standpunkt aus erschwert. Selbst bei solcher Beschränkung aber würde, um zu einem wirklichen Abschluß der Frage zu gelangen, eine weit größere Fülle von Untersuchungsmaterial vorliegen müssen, als mir zu Gebote stand, so daß ich mich damit begnügen muß, in meiner Arbeit nur etliche Gesichtspunkte hervorzuheben, die zur Klärung der Frage etwas beitragen könnten.

Die Gestalt des Kiefergaumenapparates hängt ganz besonders von der Größe und Stärke des Schnabels ab und von den Aufgaben, welche derselbe beim Aufsuchen, Ergreifen und Zerkleinern der Nahrung, oder bei besonderen Kunstthätigkeiten, wie beim Nestbau, zu leisten hat. Da der Oberschnabel bekanntlich bei sämtlichen Vögeln gegen den Schädel in größerem oder geringerem Grad beweglich ist, erfüllt der Kiefergaumenapparat nicht bloß die Funktion einer Stütze des Schnabels am Schädel, sondern das Erfordernis seiner Motilität erheischt eine Zusammensetzung desselben aus einem beweglichen, leichten und biegsamen Knochenspangenwerk.

Wenn also auch einleuchtenderweise ein stark verlängerter oder aus fester Knochenmasse bestehender Schnabel einerseits kräftigerer, breiter angelegter Stützen am Schädel bedarf als ein kleiner, zierlich gebauter Schnabel, so darf diese Solidität doch eine gewisse Grenze nicht erreichen, da deren Überschreitung eine Beeinträchtigung der Beweglichkeit zur Folge haben würde. Aber die Ausbildung des Kiefergaumenapparates wird noch von mehr Faktoren beeinflußt. Während die verschiedenartige Anordnung der vom Schnabel gegen die Schädelbasis hinziehenden beweglichen Knochenspangen, die gegenseitige Lage und Verbindung der Pterygoidea, Palatina und des Vomer den Grad der Schnabelbewegung entweder steigernd oder hemmend beeinflussen, modifiziert die Ausbildung und Größenentfaltung der die Bewegung durch ihre Thätigkeit auslösenden Muskeln die Form der ihnen zum Ansatz dienenden Knochen. Wenn bei den Papageien die Beweglichkeit des Schnabels durch die gelenkige Verbindung desselben mit dem Schädel ein Maximum erreicht, so entwickeln sich hier die Palatina zu Knochenplatten von überraschender Größe, die den sich ansetzenden Muskeln eine breite Insertionsfläche bieten, während bei langem Schnabel und seitlicher Kompression des ganzen Schädels die ebenfalls in die Länge gezogenen, schmäleren, aber in der Regel rinnenartig vertieften Gaumenknochen schmäleren, aber massigen Muskelplatten zum Ansatz dienen.

Ist die Beweglichkeit des Oberschnabels reduziert oder fast ganz aufgehoben, wie beim Strauß, so zeigt der Gaumenapparat eine auffallend plumpe Entwicklung und erscheint lediglich als feste unbewegliche Stütze des Schnabels.

Da die Beweglichkeit des Oberschnabels eine Zusammensetzung des Kiefergaumenapparates aus einzelnen in gelenkiger oder federnder Verbindung miteinander stehenden Knochen erfordert, so bedingt diese Konstruktion hinwiederum mit Notwendigkeit, daß Einrichtungen getroffen sind, welche eine genügende Sicherheit der Führung bei der Bewegung in der Längsrichtung garantieren. Dieser Zweck wird auf verschiedene Weise erreicht, und man sieht die mannigfaltigsten Variationen auftreten, um trotz der Abänderungen, die am Schädel oder Schnabel auftreten, der Beweglichkeit ebenso wie der Festigkeit des Oberschnabels Gewähr zu leisten.

Diese notwendige Stütze gewinnen die Knochen des Kiefergaumenapparates dadurch, daß sie sich bald einzeln, bald alle in geringerer oder größerer Ausdehnung an die Schädelbasis anlegen, wobei die Form der letzteren und der Verlauf des Rostrums ein gewichtiges Wort mitzusprechen hat. Während in manchen Fällen die Pterygoidea außer an den beiden vorderen Endpunkten noch eine Stelle der Schädelbasis wählen, an der sie sich anlagern, können auf dem Rostrum des Basisphenoids unter Umständen alle drei Knochen, Pterygoidea, Palatina und Vomer, Station machen, wodurch die beste Festigung des Kiefergaumenapparates erzielt wird, oder es suchen nur je zwei Stücke der Knochenspange eine gesicherte Lage und Gleitfläche am Rostrum, oder es legt sich nur ein einziger Knochen innig an. Es ist erklärlich, daß beispielsweise die Palatina bei horizontalem Verlauf der unteren Kante des Rostrums leichter eine ausgedehntere Gleitfläche am Rostrum gewinnen können, als wenn dasselbe nach vorne steil aufsteigt.

Eine besondere Festigkeit wird häufig erzielt durch Verwachsung der Palatina untereinander oder, wo der Beweglichkeit ein größerer Spielraum gestattet sein soll, durch Vermittlung eines federnden Vomer. Die mannigfachen Kombinationen, welche man sich vorstellen kann, steigern sich noch durch die Abwechslung von gelenkiger oder durch Bandmasse bewirkter Verbindung. Selbstredend sind die hier angeführten Momente auch wiederum von Einfluß auf die Energie der Bewegung des Schnabels. Es läßt sich zeigen, daß die Beweglichkeit des Oberschnabels zu Gunsten der Festigung des Kiefergaumenapparates vermindert wird dadurch, daß die Pterygoidea unter einem stumpfen Winkel zusammenstoßen, während eine ausgiebigere Beweglichkeit des Oberschnabels bei gleicher Muskelthätigkeit da erzielt wird, wo die Pterygoidea mehr mit dem Rostrum gleichlaufend einen spitzen Winkel miteinander bilden. Es kann also bei gleicher Muskelthätigkeit infolge der verschiedenen Stellung der Pterygoidea ein ganz verschiedener Effekt in den Bewegungen des Schnabels erzielt werden.

Im Vergleich mit der Variabilität in Form und Gliederung der inneren Knochenspange ist die Form der äußeren nach vorn konvergierenden Stützen des Kiefergaumenapparates, der Jugalia, nur geringen Schwankungen in Bezug auf Stärke und Verlauf unterworfen. Da die Verbindung des Schnabels mit dem Stirnteil des Schädels ebenso wie die der Palatina und Jugalia mit dem Oberschnabel nur ausnahmsweise eine gelenkige ist, muß bei Hebung des Schnabels nicht bloß ein am Schnabelgrund befindliches Federgelenk in Wirksamkeit treten, sondern auch eine Biegung der äußeren und inneren Stützen des Schnabels stattfinden, welche es erfordert, daß die betreffenden Knochen an der senkrecht unter dem Federgelenk des Schnabels befindlichen Stelle dünn und biegsam sind. Die Verwachsung der Jugalia und Palatina mit dem Oberschnabel hat zur Folge, daß derselbe, wenn er durch Muskelkraft erhoben wurde, von selber wieder in die Ruhelage zurückgebracht wird.

Der Nachteil, welcher mit der geringeren Festigkeit der Knochen des Kiefergaumenapparates verknüpft ist, die etwaige Gefahr eines Bruches, die Unmöglichkeit, härtere Nahrung zu packen, wird durch die Beweglichkeit und Nachgiebigkeit desselben wieder ausgeglichen, indem die ergriffene Beute mit dem Schnabel wie von einer federnden Zange festgehalten wird, in ähnlicher Weise, wie am Schädel vieler Eidechsen und viel ausgiebiger bei Schlangen, wo die Knochen des Kiefergaumenapparates der einen Körperseite mit denen der anderen gar nicht mehr in Berührung treten, sondern durch elastische Bänder miteinander verbunden sind, eine bedeutende Erweiterung des Maules durch Verschiebung der angrenzenden Knochen möglich ist, während die elastischen Bänder die von einander gezerrten Knochen wieder in die Ruhelage zurückführen und den Schluß des Maules bewirken.

Die eigentümliche Gestaltung des Kiefergaumenapparates läßt sich leicht begreifen, wenn man die Einflüsse berücksichtigt, die das Leben in der Luft und die Pneumatisierung des Vogelkörpers auf das Skelet ebensowohl wie auf die Entwicklung der Eingeweide und Muskeln äußerte. Um eine energische Ortsbewegung zu erzielen und dadurch den Vogel vor der Nachstellung von Feinden zu sichern, die sich nicht über den Erdboden erheben konnten, ward es notwendig, das knöcherne Gerüste des Körpers möglichst wenig durch Anhäufung von Knochenmasse zu beschweren, jedoch ohne der Festigkeit desselben allzugroßen Eintrag zu thun.

Während des Fluges sollte der Schwerpunkt des Körpers möglichst unverrückt bleiben, deshalb durfte der Kopf nicht von starker Knochenmasse gebildet sein. Infolgedessen wird die Dicke der Schädelknochen und besonders der Knochenteile, welche die Mundhöhle umgrenzen, erheblich geschmälert, die Aufgabe des Kiefergaumenapparates beschränkt sich mehr auf das Ergreifen der Nahrung, während die eigentliche Zerkleinerung derselben, die schon bei Reptilien nicht mehr in der Mundhöhle erfolgt, erst im Magen geschehen konnte.

Die verschiedene Gestalt des Schnabels und Kiefergaumenapparates der Vögel hat sehr frühzeitig das wissenschaftliche Interesse erweckt und ward als ein leicht sichtbares Merkmal für die systematische Einteilung verwandt. Die älteren Zoologen gingen ja von der Ansicht aus, als seien die Organe, welche von besonders in die Augen fallender Bedeutung für die Biologie der Tiere sind, die besten Merkmale, um aus ihnen die Zusammengehörigkeit der verschiedenen Familien und Gattungen abzuleiten. Das erhellt am besten aus den Worten Platner's*): „Wenn wir unter den anatomischen Merkmalen, die wir zur Bestimmung von Ordnungen anwenden, diejenigen besonders wählen werden, die mit der eigentümlichen Lebensweise des Tieres in möglichst enger Beziehung stehen, so werden uns bei Bestimmung der Ordnungen der Vögel vorzüglich zweierlei Momente leiten: die Wahl, Aufnahme und Verdauung der Nahrung und die Art des Fluges. Die Teile des Skelets, welche uns hierüber Aufschluß geben, sind einesteils die Kiefern und Zehen, anderenteils das Brustbein und das Verhältnis der Extremitäten zu einander."

Es war ursprünglich meine Absicht, einen Überblick zu geben über die historische Entwicklung der Kenntnisse vom Baue des Kiefergaumenapparates und von der verschiedenartigen Beurteilung, welche derselbe im Laufe der verschiedenen Epochen erfuhr. Allein noch vor Abschluß meiner Arbeit erschien Fürbringer: „Untersuchungen zur Morphologie und Systematik der Vögel", worin, abgesehen von der vollständigen Darstellung der geschichtlichen Entwicklung, namentlich auch) die taxonomische Verwertbarkeit der

---

*) J. Platner, Bemerkungen über das Quadratbein und die Paukenhöhle der Vögel, S. 3.

morphologischen Verhältnisse des Kiefergaumenapparates einer ausführlichen Beleuchtung und Kritik unterzogen ist. Ich stehe deshalb von einer eingehenderen Würdigung der Literatur ab, und es möge genügen, dieser vortrefflichen Darstellung des Gegenstandes Folgendes zu kurzer Übersicht zu entnehmen:

Die Bildung des Schnabels hat seit den frühesten Zeiten die Aufmerksamkeit der Systematiker auf sich gelenkt und ist zu wiederholtenmalen als mehr oder minder wichtiges Klassifikationsmerkmal benützt worden. Linnés erstes System (1735) beruht in erster Linie auf diesem Kennzeichen. Cabanis hob bereits 1847 hervor, daß die Form der Gaumenbeine einen sichereren Leiter zur Erkennung der Verwandtschaften der einzelnen Gattungen abgeben werde, als die anscheinende äußere Ähnlichkeit der Schnabelformen. Ebenso wies Cornay mit allem Nachdruck auf die hohe, alle anderen Merkmale übertreffende Bedeutung des Gaumens hin. Seine Behauptungen gerieten aber bald in Vergessenheit, so daß es eine wirklich neue That war, als Huxley, unbekannt mit Cornay's früheren Mitteilungen, zwanzig Jahre später seine Klassifikation der Vögel auf grund der Konfiguration des Kiefergaumenapparates gab. Fürbringer bezeichnet diese Arbeit als einen Fortschritt, wie ihn seit Nitzsch's Pterylographie die allgemeine ornithologische Systematik nicht gesehen.

Huxley teilt bekanntlich die Vögel mit Ausschluß des fossilen Archäopteryx nach dem Fehlen oder Vorhandensein einer zu der Flugfähigkeit in inniger Beziehung stehenden Crista sterni in die beiden Hauptgruppen der Ratitä und Carinatä, welche letztere nach der verschiedenen Form und Anordnung der Knochen des Kiefergaumenapparates in vier Abteilungen gebracht werden: Dromaeognathae, Schizognathae, Desmognathae und Aegithognathae. Die Dromaeognathae mit straußenartiger Gaumenbildung sind durch die einzige Gattung Tinamus repräsentiert. Bei der Einteilung der drei übrigen Abteilungen in Ordnungen finden wir als charakteristische Merkmale in erster Linie stets berücksichtigt: die Form des Schnabels, das Vorhandensein oder Fehlen von Basipterygoidfortsätzen, die Gestalt der Maxillopalatina und des Unterkiefers. Indem nun innerhalb jeder einzelnen Abteilung die Abweichungen in Bezug auf Form und Verwachsung der einzelnen Knochen des Kiefergaumenapparates genaue Beschreibung erfahren und durch vorzügliche Holzschnitte erläutert werden, bildet Huxley's Arbeit eine Hauptquelle für die Kenntnis der morphologischen Verhältnisse des Kiefergaumenapparates der Vögel, während der rein anatomisch-systematische Charakter der Arbeit etwaige Reflexionen über den Mechanismus des Kiefergaumenapparates ausschließt. Es kann hier nicht meine Absicht sein, zu wiederholen, inwiefern spätere Beobachtungen über die Struktur des Gaumens sich dem Huxley'schen System nicht günstig erwiesen, die Zahl der Ausnahmen vermehrten und mehrfache Korrekturen der Huxley'schen Angaben brachten, wie das Huxley'sche System dieselben Mängel aufweist, die jedem künstlichen System anhaften, daß in demselben namentlich, auf grund der Gaumenbildung, manche zusammengehörige Familien künstlich auseinandergerissen und andere, die in Wirklichkeit nichts oder nur sehr wenig miteinander zu thun haben, in eine unnatürliche Verbindung zueinander gebracht werden. Wenn Fürbringer auch die hervorragende Bedeutung des Kiefergaumenapparates in systematischer Beziehung gelten läßt, so hebt er dieselbe doch nicht so einseitig hervor, stellt sie vielmehr nur den übrigen anatomischen Eigentümlichkeiten als taxonomisch gleichwertig zur Seite und sucht so auf grund umfassendster Untersuchungen die natürlichen verwandtschaftlichen Beziehungen der verschiedenen Gruppen und Familien festzustellen. Als Ergebnis erwächst daraus eine Zusammenstellung, welche infolge der Berücksichtigung aller wesentlichen inneren und äußeren Merkmale nicht nur ein natürliches System genannt werden muß, sondern vielmehr die unmittelbare Darstellung der phylogenetischen Entwicklung in Form eines Stammbaumes gibt, soweit dieselbe bei dem dermaligen Stand unserer Kenntnisse als wahrscheinlich hingestellt werden kann.

Ohne Bezugnahme auf Systematik ist der Kiefergaumenapparat der Vögel noch in einigen andern Werken mehr oder weniger ausführlich behandelt. Köstlin betrachtet in seinem Werk: „Der Bau des knöchernen Kopfes in den vier Klassen der Wirbeltiere" 1844, den Bau des Vogelschädels hauptsächlich mit vergleichender Bezugnahme auf den der Säugetiere und verbreitet sich dabei, allerdings nur kurz, über den Mechanismus des Kiefergaumenapparates. Er verweist in dieser Beziehung auf Ritzsch, Meckels deutsch. Archiv II, p. 361—380, wo die Bewegung des Oberkiefers gründlich erörtert ist. H. G. Bronn: „Klassen und Ordnungen des Tierreiches", 6. Band, 4. Abt. 1869, fortges. von Selenka, gibt eine ausführliche Beschreibung der Formverschiedenheiten der einzelnen Knochen des Vogelschädels und widmet dem Kiefergaumenapparat ein eigenes Kapitel, in welchem wir gar manche leitende Gesichtspunkte für das Verständnis des Kiefergaumenapparates finden. Zahlreiche, vortreffliche Abbildungen von Vogelschädeln bilden eine höchst wertvolle Beigabe des Textes. In noch ausgedehnterer Weise erhalten wir Belehrung über die Morphologie des Vogelschädels in den „Untersuchungen über den Bau des knöchernen Vogelkopfes" von Dr. Hugo Magnus, Zeitschr. f. wissensch. Zoologie von v. Siebold und Kölliker, 21. Bd. 1871. Es erfahren darin insbesondere auch die Knochen des Kiefergaumenapparates eine ausführliche Behandlung, und wenn auch dem letzteren nicht als einheitlichem Ganzen eine besondere Betrachtung gewidmet ist, finden wir doch einzelne Bemerkungen über Funktion und mechanische Bedeutung seiner einzelnen Teile.

Indem ich in den nun folgenden drei Abschnitten die wichtigsten Teile des Kiefergaumenapparates, Pterygoidea, Palatina und Vomer in Bezug auf ihre Formunterschiede, ihre gegenseitigen Beziehungen und ihre mechanische Bedeutung betrachte, füge ich für jeden der drei Abschnitte am Ende eine Tabelle und einen Schlüssel an, welche zur Erleichterung des Überblickes dienlich sein mögen, wie sie auch demjenigen ein Mittel an die Hand geben werden, welcher in der Lage ist, die Bestimmung von Vogelschädeln vornehmen zu müssen. Ich habe mich dabei größtenteils der Einteilung Fürbringers angeschlossen, jedoch geschah dies nicht durchweg, da mir das vortreffliche Werk von Fürbringer erst zu Gesicht kam, nachdem meine Arbeit in der Hauptsache vollendet war. Ich hoffe, die älteren Ordnungsnamen werden den Leser keineswegs irreführen.

I. Pterygoidea.

Insofern diese Knochen, beweglich verbunden mit dem durch Muskelkraft gehobenen Quadratum einerseits, mit dem Hinterende der Palatina anderseits, die gleichfalls beweglichen Palatina in sagittaler Richtung verschieben, welche dadurch den Oberschnabel zu einer aufwärtsgehenden Bewegung drängen, seitlich aber mit dem die Basis des Schädels bildenden Rostrum in mehr oder weniger innige Berührung treten, haben dieselben nicht bloß für die Motilität des Kiefergaumenapparates hervorragende Bedeutung, sondern in gleicher Weise für die Stabilität und sichere Führung desselben. Wenn auch Form und Länge der Pterygoidea die verschiedensten Variationen aufweist, indem dieselben bald die Form dünner cylindrischer oder dreikantiger Stäbe besitzen, bald, meist in schräger Richtung komprimiert, als breite Leisten oder auch wohl Platten erscheinen, während die Länge sehr bedeutenden Schwankungen unterliegt, so scheinen diese Verschiedenheiten doch von untergeordneter Bedeutung gegenüber anderen Momenten, insbesondere dem Winkel, unter welchem die Pterygoidea gegeneinander laufen, wie in dem mannigfaltigen Konnex, in welchem dieselben zu den Palatina und namentlich zum Rostrum stehen.

Im allgemeinen mag als Regel gelten, daß bei größerer Länge die Pterygoidea relativ schwächer, dadurch aber biegsamer und nachgiebiger sind, während kürzere dafür entsprechend breiter oder massiger sich zeigen, oder, wenn auch am Grunde dünner und schmäler, gegen die Palatina hin sich verbreitern oder verdicken, dagegen steht die Breite der Pterygoidea nicht etwa in geradem Verhältnis zur Breite der Schädelbasis. Messungen an Schädeln ergeben als Regel, daß bei langem oder sehr kräftigem und breitem Schnabel die Pterygoidea unter spitzem, bei kurzem Schnabel unter stumpfem Winkel gegeneinander zulaufen. Welchen Einfluß die Verschiedenheit des Winkels der Pterygoidea auf den Effekt ihrer doppelten mechanischen Arbeitsleistung ausübt, ergibt folgende Betrachtung.

Denkt man sich eine Kraft in der Richtung der Pterygoidea wirkend, so ist dieselbe in eine sagittale und transversale Komponente zerlegbar. Letztere Komponente stellt die Kraft vor, durch welche die Pterygoidea seitlich gegen das Rostrum angedrückt werden, die also einem seitlichen Auseinanderweichen der Hinterenden der Palatina und Abgleiten vom Rostrum entgegenstrebt, während die sagittale Komponente als vorwärtsschiebende Kraft erscheint. Diese läßt sich aber wieder in eine horizontale und vertikale Seitenkraft zerlegen, von welchen die letztere die Pterygoidea, soweit sie das Rostrum auf der Unterseite berühren, gegen dieses andrückt. Je spitzer der Winkel ist, unter welchem die Pterygoidea sich begegnen, desto größer ist offenbar die sagittale und desto kleiner die transversale Komponente. Die Pterygoidea sind hier so konstruiert, daß sie eine ausgiebige Bewegung des Schnabels vermitteln, umsoweniger aber werden sie die ihnen zukommende zweite Aufgabe erfüllen, d. h. sicheren Anschluß an das Rostrum bewirken. Letzteres wird dagegen in um so höherem Grad der Fall sein, je stumpfer der Winkel der Pterygoidea ist und je steiler dieselben zur Ebene der Palatina sich erheben. Wir dürfen erwarten, daß im ersteren Fall an anderen Teilen des Kiefergaumenapparates sich besondere Eigentümlichkeiten erweisen werden, welche darauf hinzielen, diese schwächere Wirkung der Pterygoidea zu verstärken. So finden wir, daß überall, wo die Pterygoidea unter sehr spitzem Winkel gegeneinanderlaufen, der Vomer auf dem Rostrum gleitet, oder aber ganz fehlt, in welchem Fall wieder die Palatina direkt miteinander verbunden sind.

Die Einlenkung der Pterygoidea am Quadratum bietet in ihrer Form wenig Abwechslung. Sie befindet sich an dem nach vorne und innen gerichteten Rand des Quadratbeinkörpers, und die Verbindung ist durch einen wenig vorspringenden Gelenkhöcker an letzterem hergestellt, dem sich das meist knopfartig verdickte oder zu einer dreieckigen Platte verbreiterte Ende des Pterygoids mit seiner Vertiefung anfügt. Bei den Rasores sind die Pterygoidea am innigsten mit dem Quadratum verbunden, indem hier deren sehr ausgedehnte Gelenkfläche sich dem gegen die Orbitalhöhle hin gerichteten Fortsatz des Quadratums anschmiegt.

Charakteristischere Unterschiede ergeben sich hinsichtlich der Verbindung der Pterygoidea mit den Hinterenden der Palatina. Die Palatina verschmälern sich nach ihrem Hinterende zu in der Regel zu einem vom innern Rand abgehenden Pterygoidfortsatz, in welchen die Platte und der aufsteigende Theil des Palatinums entweder durch Abschrägung des Hinterrandes allmählich übergeht oder welcher bei gerade abgestutztem Hinterrand deutlicher sich absetzt, während in seltenen Fällen ein solcher überhaupt nicht zur Ausbildung kommt, indem wie bei den Psittaci die Pterygoidea sich dem Hinterrand des verwachsenen Teils der Palatina mit ihren Vorderenden einfach anlegen. Sehr lang sind diese Pterygoidfortsätze oft bei den Urinatores und Longipennes, hier kürzer bei den Laridae, länger und breiter bei den Procellariidae, indem sie zugleich das Rostrum von unten und seitlich umfassen.

Typisch ist die Verbindung der Pterygoidea und Palatina für die drei Gruppen der Lamellirostres, Passeres und Picidae.

Bei den Lamellirostres findet die Artikulation in der Weise statt, daß ein vom Palatinum ausgehender Fortsatz zwischen die beiden durch Gabelung des Pterygoids an dessen vorderem Rand entstehenden Fortsätze, einen oberen schmäleren und längeren und einen unteren, etwas breiteren und kürzeren, sich einschiebt, letztere aber sich beiderseits dem Palatinum anlegen. Diese innige Gelenkverbindung finden wir in gleicher Weise bei den Mergidae wie bei den übrigen Anseres, trotz der sonst so bedeutenden Abweichung hinsichtlich der Stärke und Länge der Pterygoidea.

Ganz abweichend davon sind die Verhältnisse bei den Passeres und Picidae. Hier ist die Verbindung überhaupt keine gelenkige. Bei ersteren verbreitern sich die stabförmigen Pterygoidea an ihrem vorderen Ende in vertikaler Richtung zu einer länglich dreiseitigen oder ovalen, dem Rostrum anliegenden Knochenplatte, deren unterer Rand durch Bandmasse mit dem oberen Rand der gegen das Rostrum sich hinaufwölbenden Fortsätze der Palatina verbunden ist, während bei den Picidae die leistenförmigen, dünnen, aber ziemlich breiten Pterygoidea, an der Stelle, wo sie das Rostrum berühren, umbiegend, zu langen und schmalen spitzendenden Fortsätzen auslaufen, die sich, wie bei den Passeres, über die nach hinten spitz zulaufenden Pterygoidfortsätze der Palatina hinwegschieben und damit verbinden.

Auf diese Weise ist bei den Passeres und Picidae eine ausgedehnte Gleitfläche am Rostrum entstanden, welche die Sicherung der Führung des Kiefergaumenapparates wesentlich erhöht. Bei den Lamellirostres treten die Vorderenden der Pterygoidea nur mit den Palatina in Verbindung, ohne das Rostrum zu berühren. Damit ergibt sich eine ganz wesentliche Differenz in Bezug auf das Verhältnis der Pterygoidea zum Rostrum. Sie berühren dasselbe entweder nur mit ihren vorderen Enden und stoßen auf der Unterseite des Rostrums ganz oder nahezu zusammen, oder, wo letzteres nicht der Fall ist und die vorderen Enden der Pterygoidea weiter auseinandergerückt sind, suchen die Pterygoidea einen weiter hintenliegenden Stützpunkt am Rostrum durch Vermittlung sogenannter Basipterygoidfortsätze; doch können auch solche vorhanden sein und trotzdem die Pterygoidea vorne das Rostrum mit seitlicher Gleitfläche berühren.

Das Vorderende der Pterygoidea berührt das Rostrum nur kurz bei Vögeln, deren Palatina verwachsen oder durch Bandmasse verbunden sind, wie bei den Psittaci, bei Rhamphastus, den Raptatores, Ciconiae, Steganopodes u. s. w.; mit breiterer Fläche stützen sie sich auf das Rostrum, wenn eine solche direkte Verbindung nicht besteht, eine solche vielmehr indirekt durch den Vomer hergestellt ist, so bei den Longipennes, Urinatores, namentlich aber den Passeres und Picidae. Wo Basipterygoidfortsätze vorhanden sind, wird das Rostrum meist von den weitaus einandertretenden Vorderenden der Pterygoidea nicht weiter berührt, so daß die Unterseite des Rostrums zwischen den Pterygoidea sichtbar ist. Die Basipterygoidfortsätze werden durch sitzende oder gestielte Gelenkflächen an den Seiten des Rostrums repräsentiert, welche mit entsprechenden Gelenkflächen an der inneren Seite der Pterygoiden artikulieren. Bei den Lamellirostres (mit Einschluß von Phoenicopterus und Palamedea) und den Rasores sind die beiderseitigen Gelenkflächen von ovaler Gestalt und sitzend, bei den Columbae und Limicolae, bei den Strigidae und Caprimulgidae dagegen sind dieselben viel kleiner und beiderseits vorspringend oder gestielt. Sie befinden sich bei den Lamellirostres und Rasores seitlich am vorderen Ende der Pterygoiden, bei den Columbae, Limicolae und Strigidae in der Mitte derselben und sind bei Caprimulgus über die Mitte hinaus dem vorderen Ende zugerückt. Wo die Artikulationsflächen der Basipterygoidfortsätze keine größere Ausdehnung besitzen und in der Mitte der Pterygoidea liegen, können letztere das Rostrum auch noch vorne mit seitlicher Gleitfläche berühren, wie man das bei den Columbae und Limicolae beobachtet. Während bei den Longipennes Basipterygoidfortsätze im allgemeinen fehlen, finden sich solche ausnahmsweise bei der Gattung Procellaria und zwar nicht bloß bei Procellaria gigantea, sondern auch bei anderen Arten, indem die Pterygoidea das Rostrum hier nicht bloß vorn sehr innig berühren, sondern noch unmittelbar dahinter mit sitzenden Gelenkflächen an kurz vorspringende Fortsätze des Rostrums sich anlegen. Bei anderen Gattungen aus der Familie der Procellarcidae, wie bei Thalassidroma und Diomedea fehlen Basipterygoidfortsätze ebenso wie bei den Laridae.

Nachdem im Vorhergehenden die Verbindung der Pterygoidea mit anderen Knochen besprochen wurde, erübrigt mir noch, über Länge und Verlauf derselben Einiges hinzuzufügen. Es wurde bereits oben erwähnt, daß eine Beziehung zwischen Länge und Stärke des Schnabels und dem Winkel zu bestehen scheint, unter welchem die Pterygoidea sich begegnen, dagegen ist die Länge der Pterygoidea keineswegs der Schnabellänge entsprechend, und bei langem Schnabel und seitlich komprimiertem Schädel wird man ebensowohl sehr lange Pterygoidea antreffen können, wie sehr kurze, wie das eine oberflächliche Betrachtung der Schädel von Mergus merganser und Ardea cinerea zeigt. Wie wir bei Mergus die Pterygoidea im Gegensatz zu den übrigen Lamellirostres auffallend lang und schmal, aber nicht besonders stark antreffen, so sind längere Pterygoidea auch bei anderen fischfressenden Vögeln, wie bei den Longipennes, Steganopodes und Urinatores, Regel, auch Alcedo kann hier angeschlossen werden. Bei den sumpf= liebenden Grallae und Ciconiae sind sie meist kurz, oft nach vorne verbreitert, indem sie in ihrem hinteren Teil mehr seitlich, in ihrer vorderen Hälfte dagegen dorso-ventral komprimiert sind (Grus, Fulica, Porphyrio, Notherodius, Oedicnemus, Otis). Durch ihren breit abgerundeten Vorderrand und Austiefung der unteren Flächen erhalten solche Pterygoidea, wie bei Anthro- poides virgo, eine spatelförmige, durch starke Verdickung des vor= deren Endes, wie bei Platalea, eine keulenförmige Gestalt. Eine auffallende Kürze besitzen die Pterygoidea bei Scolopax und Numenius.

Bei den Aptenodytidae ähnelt die Form der Pterygoidea, abweichend von den übrigen Urinatores, der beschriebenen; die ziemlich gerade abgestutzten, außerordentlich stark verbreiterten Vorderenden der Pterygoidea ragen seitlich weit über die Ver= bindungsstelle mit den Palatina hinaus. Die Verbreiterung trägt hier also durchaus nichts dazu bei, die Verbindung mit den Pala= tina fester zu gestalten, wie letzteres beispielsweise bei den zwar sehr kurzen, aber außerordentlich starken und breiten Pterygoidea von Buceros oder bei Phoenicopterus der Fall ist, wo Ptery= goidea und Palatina in breiter Linie aneinanderstoßen.

Bei Buceros rhinoceros fallen die Pterygoidea durch ihre massige Entwicklung bei großer Kürze besonders auf, während unter den Rasores die Pterygoidea namentlich bei Perdix dentata durch außergewöhnliche Länge und Stärke sich auszeichnen.

Spitze und lange Pterygoidea nehmen häufig einen bogigen Verlauf, wobei die konkave Seite des Bogens nach außen ge= wendet ist. Während eine schwache Krümmung in diesem Sinn bei den Longipennes und einigen Urinatores zu bemerken ist, zeigen Mergus und Alcedo dieselbe in besonders ausgesprochenem Grad. Eine auffällige Ausnahme macht dabei Mergus albellus unter den übrigen Spezies der Mergidae, bei welcher Art die Pterygoidea wie bei Anas verhältnismäßig kurz und kräftig und nicht konkav sind. Wenn ich bei einem Exemplar von Callipsittacus Novae-Hollandiae die Pterygoidea nahe ihrem hinteren Ende winkelig gebrochen oder geknickt fand, ebenso bei Melopsittacus undulatus eine ganz schwache S-förmige Krümmung, so mag das als eine vielleicht durch die Fortpflanzung in der Gefangenschaft bedingte Mißbildung zu betrachten sein, denn alle übrigen Psittaci haben gerade verlaufende, lange, cylindrische oder dreikantige Pterygoidea, dagegen sind letztere schwach S-förmig gekrümmte, dünne, schwache Leisten bei den Strigidae, in der hinteren Hälfte bisweilen seitlich komprimiert in der vorderen aber von oben nach unten zusammengedrückt, wie bei Strix aluco, und eine ähnliche Form kehrt bei Caprimulgus wieder.

Für die Picidae charakteristisch ist ein von der oberen Kante des Pterygoids entspringender, nach oben und vorn gerichteter, mit derselben nahezu parallellaufender Muskelfortsatz, der bei Junx torquilla, wo die Pterygoidea zwar schmäler und dünner, sonst aber gleichgeformt sind, fehlt.

II. Palatina.

Huxley hat in seiner oben zitierten Abhandlung eine mustergültige Beschreibung des Kiefergaumenapparates von Charadrius pluvialis gegeben, und es wird kaum möglich sein, bei Beschreibung der Formverhältnisse der Gaumenbeine von anderem Gesichtspunkt auszugehen, ohne der Deutlichkeit Eintrag zu thun.

So unterscheiden wir mit ihm am Palatinum wesentlich drei allerdings nicht immer scharf geschiedene, auch nicht immer gleichmäßig ausgebildete Teile, nämlich:

a) die eigentliche Gaumenbeinplatte (pars horizontalis Magn., body Huxl.), im allgemeinen eine länglich vierseitige, dünne Knochenplatte mit mehr oder weniger abwärts gebogenen Seitenrändern (laminae);

b) den aufsteigenden Teil des Palatinums (pars perpendicularis Magn., ascending process Huxl.), eine dünne Knochenplatte, welche sich vom Rücken des eigentlichen Gaumenbeins zum Rostrum hinauf wölbt und sich von unten und seitlich an dieses anlegt;

c) den Zwischenkieferfortsatz (processus intermaxillaris Magn., maxillary process Huxl.), einen mehr oder minder deutlich sich abgrenzenden schmäleren Fortsatz des Gaumenbeinkörpers, welcher die Verbindung mit Zwischenkiefer und Oberkiefer vermittelt.

Als nicht immer vorhandene oder wenigstens nicht regelmäßig deutlich erkennbare Teile wären noch zu nennen: der oben erwähnte Pterygoidfortsatz (pterygoid process Huxl.) am hinteren Innenwinkel der Gaumenbeinplatte und ein schmaler, nach vorwärts gerichteter Fortsatz des aufsteigenden Teils zur Verbindung mit dem Vomer, der deshalb als Vomerfortsatz bezeichnet werden soll.

Den Palatina kommt bei der Bewegung des Kiefergaumenapparates die Rolle zu, den von seiten der Pterygoidea ausgeübten Schub auf den Zwischenkiefer zu übertragen, wodurch der Oberschnabel um eine horizontale und transversale Axe sich dreht. Letztere liegt in der Regel an der Wurzel des Oberschnabels an einer Stelle, wo die Knochen flach, dünn und biegsam sind, so daß eine federnde Bewegung ermöglicht ist. Bei den Papageien hat sich bekanntlich an dieser Stelle ein wirkliches Gelenk ausgebildet. Ich konnte das Vorhandensein eines solchen kraniofazialen Scharniergelenkes und zwar von genau derselben Konfiguration auch bei den Strigidae konstatieren. Dadurch erscheint die Anzahl der Berührungspunkte, welche zwischen den beiden Familien der Psittacidae und Strigidae besteht, um ein nicht ungewichtiges Moment vermehrt. Vergleichen wir aber im übrigen den Kiefergaumenapparat, so bestehen, abgesehen von der auch bei den Strigidae vorhandenen Tendenz einer Verwachsung der Palatina, so wesentliche Unterschiede, daß wir in dieser immerhin auffallenden Übereinstimmung weniger den Ausdruck einer intimen verwandtschaftlichen Beziehung, als, um einen Ausdruck Fürbringer's zu gebrauchen, eine „heterophyletische Homomorphie" zu erblicken haben. Der Papagei bedient sich seines Schnabels zum Klettern, er zerraspelt die härtesten Körner, indem er sie mit Unterschnabel und Zunge gegen die Riefen des Oberschnabels andrückend hin und her bewegt, wie auf einem Reibeisen. Die Eule fängt nächtlich Tiere im Flug; sie verschlingt gewaltige Bissen, kleinere Tiere unzerrauft mit Haut und Haar. So ermöglicht die gelenkige Verbindung eine vielseitigere Verwendbarkeit des Schnabels, dort eine leichtere und raschere Beweglichkeit, hier die weitere Öffnung des Schnabels.

Auch die Verbindung der Zwischenkieferfortsätze der Palatina an den Seitenrändern des Oberschnabels mit Zwischenkiefer und Oberkiefer ist ausnahmsweise eine gelenkige, wie bei den Psittaci und bei Coccothraustes, indem die vorderen Enden der processus intermaxillares zu queren Gelenkwalzen sich verbreitern, während sie sonst mit ihren vorderen Enden, teilweise zugleich auch mit den seitlichen Rändern mit dem Zwischenkiefer und Oberkiefer verwachsen oder durch Bandmasse verbunden sind. Dadurch wird es schwierig, bei Besichtigung eines Vogelschädels die wirkliche Länge der Palatina zu bestimmen und zu konstatieren, wie weit sich die Zwischenkieferfortsätze nach vorn erstrecken; so scheinen sich dieselben z. B. bei den Lariden fast bis zur Schnabelspitze vor zu erstrecken. Bei den Hühnervögeln stehen die schmalen und langen Palatina, beziehungsweise die Zwischenkieferfortsätze derselben in einer besonders festen Verbindung mit dem Oberschnabel. So steckt z. B. bei Tetrao urogallus das vordere, spitz zulaufende Ende des Zwischenkieferfortsatzes 11 mm tief in einer Scheide, welche dorsalwärts von der Maxilla, ventralwärts von der Prämaxilla gebildet wird, und ist durch Bandmasse mit beiden verbunden.

Vergleicht man die Länge der Palatina mit Einschluß der freien Teile ihrer Zwischenkieferfortsätze mit der Länge des Schnabels, so ergiebt sich nicht etwa das Resultat, daß eine größere Länge und kräftigere Entwicklung des Oberschnabels eine entsprechend größere Länge der Palatina bedingt, sondern man wird im allgemeinen finden, daß bei größerem und kräftigerem Schnabel die Länge der Palatina hauptsächlich dadurch reduziert erscheint, daß die Zwischenkieferfortsätze entweder ihrer ganzen Länge nach oder wenigstens auf den größten Teil ihrer Länge mit Zwischen- und Oberkiefer verwachsen, so daß der freie Teil derselben entweder sehr kurz ist, oder von einem solchen überhaupt nicht mehr die Rede sein kann, wie bei Scolopax, Numenius, den Ciconiae, bei Alcedo, Platalea, Pelecanus, Rhamphastus. Ist der Schnabel kurz, weniger stark und kräftig, so finden wir längere, freie Zwischenkieferfortsätze, meist ziemlich schmal, wie bei den Raubvögeln und Hühnern.

Unter den Knochen des Kiefergaumenapparates treten die Palatina in die innigste Berührung mit dem Rostrum, an welches sich dieselben seitlich anlegen, oft auch zugleich von unten her, so daß dadurch eine Rinne gebildet wird, welche ein seitliches Abgleiten der Palatina verhindert.

Bei Scolopax und ähnlich bei Pelecanus gleitet das Rostrum in einer kurzen Vertiefung des oberen hinteren Endes der verwachsenen Palatina, diese berühren aber das Rostrum sonst nicht. Ebenso ist bei den Strigidae und Lamellirostres die Gleitfläche nur kurz; Phoenicopterus ist auch in dieser Beziehung von den letzteren zu trennen, denn hier bewegen sich die Palatina mit langer Gleitfläche auf dem Rostrum. In gar keine Berührung mit dem Rostrum treten die Palatina bei den Picidae; hier sind es vielmehr die Palatinfortsätze der Pterygoidea, welche mit dem dazwischengelagerten Vomer die Führung auf dem Rostrum bewerkstelligen.

So erfüllen auch die Palatina, wie die Pterygoidea, meist die doppelte Aufgabe, für die Beweglichkeit des Kiefergaumenapparates ebenso wie für dessen Stabilität zu dienen; sie bilden aber zugleich die knöcherne Unterlage für die weichen Teile des Gaumens und schaffen eine hintere und seitliche feste Umgrenzung der Choanen. Der Innenrand der Palatina dient zur Anheftung einer die Nasenhöhle von der Orbita trennenden häutigen Scheidewand und die Zwischenkieferfortsätze sind Träger der oft spongiösen und blasig aufgetriebenen Maxillopalatina, resp. der damit in Verbindung stehenden Nasenmuscheln. Die Palatina verlaufen in gerader und paralleler Richtung nach vorne; sie selbst und ihre Zwischenkieferfortsätze lassen eine mehr oder minder breite Spalte zwischen sich frei, welche sich am skeletierten Schädel unter Umständen bis zum vorderen Ende des Schnabels erstrecken kann, sonst aber durch Weichteile verdeckt und überbrückt ist, bis auf den hinteren Teil, welcher fast stets, durch den knöchernen Vomer, eine Hautfalte oder das vordere Ende des Rostrums in zwei Hälften geschieden, die Kommunikation der Rachenhöhle mit der Nasenhöhle vermittelt. Im vorderen Teil erscheint diese Spalte häufig durch die von beiden Seiten her gegen die Mitte heranwachsenden Maxillopalatina verengt oder selbst geschlossen (Desmognathie).

Die beiden Palatina können in ihren aufsteigenden Teilen miteinander verwachsen sein, und wenn man darunter nicht bloß die direkte Verschmelzung oder Verbindung der beiden Knochen durch Bandmasse, sondern auch den indirekten Zusammenhang durch den dazwischengelagerten Vomer begreift, so ist dies sogar die Regel, von welcher nur die Gallidae und Columbae eine

Ausnahme machen, bei welchen der Vomer vorne der Spitze des Rostrums aufsitzt, aber nur in membranöser Verbindung mit den Palatina steht. Nur bei Crax verbindet der gegabelte Vomer die beiden Palatina direkt. Das Gleiche gilt von den Passeres, dem größten Teil der Grallae, den Lamellirostres, Longipennes und Urinatores, bei welchen die Hinterenden der Palatina auf der Unterseite des Rostrums höchstens zusammenstoßen, aber nie verwachsen. Von einer wirklich knöchernen Verschmelzung der Palatina kann nur bei den Steganopodes die Rede sein, denn auch bei den Psittaci trennen sich die beiden Palatina bei starker Maceration in der medianen Naht. Das Fehlen des Vomer bedingt stets eine direkte Verwachsung der Palatina, aber nicht umgekehrt; ist jedoch im letzteren Fall ein Vomer vorhanden, so ist er nur ausnahmsweise hinten gabelförmig gespalten (Pelargo-Herodii), in der Regel ist er einfach oder herzförmig ausgeschnitten.

Eine direkte Verwachsung der Palatina bei fehlendem Vomer ist zu beobachten bei den Psittaci und Steganopodes, sowie bei dem größten Teil jener Vögel, welche man unter dem Namen der Coccygomorphae zu vereinigen pflegte.

Die Psittaci erscheinen als eine hinsichtlich der Beschaffenheit ihres Kiefergaumenapparates scharf charakterisierte Gruppe; die Palatina sind hier senkrecht gestellte Platten, welche sich weit über die Verbindungsstelle der Pterygoidea mit den Palatina hinaus erstrecken, während der zum Rostrum aufsteigende Teil des Palatinums vorherrschend horizontal ausgebreitet ist, so daß hier die Ausdrücke: pars horizontalis und perpendicularis gerade das Gegenteil besagen würden. Der horizontale Teil der Palatina entspricht vielmehr dem ascending process Huxley's, und die vertikale Platte mag wesentlich aus der zu besonders kräftiger Entwicklung gelangten äußeren Lamina des Gaumenbeinkörpers bestehen. Wie oben erwähnt, sind die horizontalen Teile der Gaumenbeine median nicht knöchern verschmolzen, sondern nur durch Bandmasse verbunden, und indem sie sich hier beiderseits etwas am Rostrum hinaufziehen, entsteht eine seichte Rinne, in welche das letztere eingreift. Die Führung des Kiefergaumenapparates wird bei den Psittaci ausschließlich durch die ziemlich langen Gleitflächen der Palatina bewerkstelligt. Die steile Stellung der letzteren bedingt ein stark gewölbtes Gaumendach. Die Zwischenkieferfortsätze sind kurz und kräftig, vorne in einen mit dem Zwischenkiefer artikulierenden Gelenkwulst übergehend.

Es muß bereits an dieser Stelle auf die Übergangsformen verwiesen werden, welche zwischen den Psittaci und Passeres bestehen, repräsentiert durch solche Gattungen, welche in Bezug auf Nahrung und Lebensweise sich den ersteren annähern. So sind bei Coccothraustes die Zwischenkieferfortsätze noch kürzer und kräftiger und mit dem Zwischenkiefer gleichfalls durch breite cylindrische Gelenkwalzen artikulierend, die Palatina sind in der Mittellinie verbunden und steil gestellt, so auch bei Loxia u. a.

Bei den Steganopodes sind die Palatina in der Medianlinie ihrer ganzen Länge nach miteinander verwachsen, indem die weit herabreichenden inneren Lamellen zu einer senkrecht absteigenden Crista verschmelzen. Die untere Kante dieser Crista nimmt bei Pelecanus einen bogigen Verlauf, ist hinten schneidend scharf, im mittleren und vorderen Teil aber abgeflacht. Viel niedriger ist sie bei Sula alba, wo sie geradlinig, nach vorne ansteigend verläuft. Bei Carbo pygmaeus ist diese untere Crista als ganz schwache Leiste angedeutet, bei anderen auch ganz fehlend. Die äußere Lamina ist bei Pelecanus schräg nach außen abfallend, ihr Hinterrand schräg abgestutzt und abgerundet, nach vorne verlaufend, bei Sula fast ganz flach, hinten gerade abgestutzt und der Außenrand geradlinig verlaufend. Die aufsteigenden Teile der Palatina verschmelzen bei Pelecanus gleichfalls zu einer senkrechten Crista, deren oberer Rand nach vorne schräg in die Höhe steigt und dabei von dem nach vorne steiler aufsteigenden Rostrum sich immer weiter entfernt. Vorne spaltet sich dieselbe aber in die beiden Lamellen, durch deren Verwachsung sie entstanden ist; dieselben senken sich schräg abwärts und vereinigen sich mit dem inneren Rand der Zwischenkieferfortsätze. Auch am hinteren Rand der Crista spalten sich die beiden Lamellen auseinander und bilden eine ganz kurze, aber tiefe Rinne zur Aufnahme des Rostrums. Dem mächtigen Schnabel entsprechend

sind die Palatina, namentlich aber die freien Teile der Zwischen=
kieferfortsätze sehr kurz.

Bei den Coccygomorphae treffen wir in Bezug auf die
Gestaltung der Gaumenbeine die auffallendsten Verschiedenheiten,
entsprechend große Differenzen wie in der Gestalt des Schädels
selbst, die eine Annäherung an die Schädeltypen anderer Ord=
nungen erkennen läßt (vgl. z. B. Cuculus mit Corvus, Alcedo
mit Ardea). Als gemeinsames Merkmal läßt sich aufstellen, daß
die Zwischenkieferfortsätze auf den größten Teil ihrer Länge seit=
lich mit dem Zwischenkiefer verwachsen sind, so daß die frei=
bleibenden Teile derselben meist sehr kurz sind, oder, wie bei
Rhamphastus, ganz zum Verschwinden kommen; ferner, daß die
aufsteigenden Teile der Palatina durch Bandmasse miteinander
verbunden sind. Bei Alcedo sind die Gaumenbeine flach und
ziemlich breit, fast horizontal, hinten ausgerandet, mit langem
spitzem Fortsatz am hinteren Außenwinkel, und der Außenrand
besitzt hinten einen seitlichen Vorsprung. Auch bei Upupa sind
die Palatina flach, hinten ausgerandet, mit nadelspitzigem Fort=
satz am hinteren Außenwinkel, aber der Außenrand verläuft ge=
rade. Bei Cuculus sind die Palatina hinten schräg abgestutzt
und abgerundet, mit deutlichem Pterygoidfortsatz und kurzem Fort=
satz am vorderen Innenwinkel. Bei Merops sind sie hinwiederum
flach rinnenförmig, hinten schräg abgestutzt und ausgerandet, ohne
Fortsätze, bei Rhamphastus kurz und schmal, rinnenförmig und
hinten abgeschrägt.

Coracias nähert sich durch das Vorhandensein eines Vomer
und die Form desselben den Accipitres.

Eine direkte Verwachsung der Palatina bei Vor=
handensein eines Vomer findet statt bei den Pelargo-Herodii
und Raptatores.

Auch bei den Pelargo-Herodii zeigt die Bildung der
Gaumenbeine erhebliche Verschiedenheiten. Bei den eigentlichen
Reihern, wie bei Ardea cinerea, sind die Gaumenbeine lang und
schmal, der äußere und innere Rand sind tief herabgezogen. Die
abgerundeten Kanten, in welchen sich die äußere und innere Lamina
jedes Palatinums begegnen, stoßen oben direkt zusammen, der

aufsteigende Teil des Palatinums kommt erst weiter vorne, seit=
lich von der Verwachsungsstelle mit dem Vomer zur deutlichen
Entwicklung und wölbt sich beiderseits nach außen. Die Zwischen=
kieferfortsätze, deren freibleibende Teile ungefähr die Länge der
Palatina selbst besitzen, sind der ganzen Länge nach ziemlich gleich
breit, fast so breit, wie die Palatina selbst. Das Hinterende ist
bei Ardea cinerea tief ausgerandet, der hintere Außenwinkel
daher spitz vorspringend, wie auch bei Ardea minuta, bei Ardea
galatea dagegen abgerundet. Ardea nycticorax hat breitere
Palatina, die innere Lamina ist wenig entwickelt, die äußere
schräg abfallend und weit herabgezogen. Der Hinterrand ist fast
gerade abgestutzt, die Zwischenkieferfortsätze, welche bei den er=
wähnten Arten durch einen breiten Spalt von einander getrennt
sind, stoßen hier vor dem vorderen Ende des Vomer zusammen
und nehmen nach vorne an Breite zu.

Bei Ibis sind die Palatina kurz, weniger stark vertieft,
der Innenrand biegt sich tiefer herab als der äußere, die Zwi=
schenkieferfortsätze sind kurz und breit. Ähnlich sind sie bei
Platalea, nur noch breiter und flacher, hinten schräg abgestutzt
und der hintere Außenwinkel abgerundet. Bei beiden letzteren
Gattungen sind die aufsteigenden Teile der Palatina stark ent=
wickelt und wölben sich von der Rückenseite der Gaumenbein=
platten schräg nach innen zum Rostrum herauf.

Bei Ciconia episcopus sind die Palatina tief rinnenförmig
mit deutlichem Pterygoidfortsatz und langer Gleitfläche am Rostrum.
Die mächtige Entwicklung der spongiösen Maxillopalatina drängt
(wie auch bei anderen Ciconiae) den aufsteigenden Fortsatz der
Palatina nach hinten und oben zurück. Die Führung des Kiefer=
gaumenapparates wird bei den Pelargo - Herodii durch kurze
Gleitflächen der Pterygoidea und längere Gleitflächen der Pala=
tina erzielt.

Bei den Raptatores sind die Gaumenbeine ziemlich breit,
fast horizontal und flach, indem nur der innere Rand derselben
etwas herabgebogen ist. Die aufsteigenden Teile der Palatina
sind durch Bandmasse miteinander verbunden, bei den Eulen nur
auf eine ganz kurze Strecke. Bei Vultur fulvus ist die äußere

Lamelle der Palatina flach herabgewölbt, die innere kürzer abwärts und nach außen gebogen, so daß diese Knochen hier tief rinnenförmig ausgehöhlt erscheinen. Das Hinterende ist gewöhnlich schräg abgestutzt, bei den Eulen stärker als bei den Tagraubvögeln. Bei Aquila fulva und naevia sind sie gerade abgestutzt, bei letzterer Art ist die hintere Kante schwach ausgerandet. Die Gaumenbeinplatten gehen meist allmählich in die ziemlich breiten Zwischenkieferfortsätze über und sind bei Vultur fulvus fast ebenso breit wie diese selbst; die Innenränder der Palatina verlaufen in gerader und nahezu paralleler Richtung nach vorne, nur bei den Strigidae weichen die Gaumenbeinplatten selbst seitlich auseinander, während die hier sehr schmalen Zwischenkieferfortsätze nach vorne wieder zusammenlaufen, so daß der Innenrand der Palatina mehr oder weniger stark nach außen gekrümmt verläuft.

Bei Coracias, welche Gattung hier anzuschließen wäre, sind die Palatina hinten fast gerade abgestutzt, ganz schwach ausgerandet, ohne deutlichen Pterygoidfortsatz, die innere Lamelle ist kurz absteigend, die äußere schräg nach außen abfallend, und die Palatina gehen allmählich in die Zwischenkieferfortsätze über. Ebenso reiht sich hier Caprimulgus an, wo die Palatina vorne schmal, hinten aber in einen abgerundeten, seitwärts und etwas nach rückwärts sich erstreckenden Lappen ausgezogen sind.

Auch unter den Lamellirostres sind bei Cereopsis Novae-Hollandiae und ebenso bei Chauna chavaria die aufsteigenden Teile der Palatina mit einander verbunden.

Keine direkte Verwachsung, sondern nur eine **indirekte Verbindung durch Vermittlung eines gabelförmig gespaltenen Vomer** findet statt bei den Passeres, an welche sich Cypselus anreihen würde, bei den Grallae, Longipennes und Urinatores.

Von der besonderen Art der Verbindung der Palatina mit den Pterygoidea bei den **Passeres** war schon oben die Rede; die charakteristische ägithognathe Form des Vomer erscheint als zweites allgemein gültiges Merkmal. Es wurde aber auch schon erwähnt, daß bei den dickschnäbligen, vorwiegend körnerfressenden eigentlichen Passeres, den Conirostres, wie bei Coccothraustes und Loxia die Gaumenbildung der der Psittaci sich nähert, indem eine Verschmelzung oder Verwachsung der Palatina untereinander und mit dem Vomer stattfindet, die Palatina fast senkrecht gestellte Knochenplatten darstellen und die Zwischenkieferfortsätze kurz, aber kräftig und vorne verbreitert sind. So fand ich es bei Pyrrhula, Fringilla chloris, Chrysomitris spinus, Loxia und Coccothraustes, während bei anderen Passeres, wie Fringilla coelebs und montifringilla, Passer domesticus, Fringilla cannabina, die Verwachsungsstelle durch eine Naht erkennbar, oder an deren Stelle ein feiner Spalt zu bemerken war, wo dann auch die Gabeläste des Vomer von einander getrennt sind. Bei den Corvidae und Oscines breiten sich dagegen die Palatina mehr horizontal aus, die Zwischenkieferfortsätze sind länger und schmäler, die aufsteigenden Fortsätze dagegen umfassen das Rostrum von unten und von den Seiten, ohne eine Verwachsung mit einander einzugehen. Sie verlängern sich nach vorne und hinten und treten mittelst dieser Fortsätze mit dem Vomer und den Pterygoidea in Verbindung. Die Gaumenbeinplatten selbst erscheinen etwas vertieft, hinten ausgerandet, wodurch dieselben am hinteren Außenwinkel in einen verschieden entwickelten Fortsatz auslaufen. Außer den Corvidae und Sylviaarten sind hiehergehörig die Gattungen: Sturnus, Emberiza, Alauda, Accentor, Regulus, Bombycilla, Parus, Certhia, Sitta, Cinclus, Motacilla, Anthus, Muscicapa, Hirundo etc.

Bei Manorhina flavirostris fand ich die Palatina kurz, tief rinnenförmig, stark ausgerandet, mit langen spitzen Fortsätzen am hinteren Außen- und Innenwinkel. Außerordentlich schwach, sehr schmal und lang sind die Palatina bei Tichodroma.

Bei Cypselus hat die Gaumenbeinplatte die Gestalt eines gleichseitigen Vierecks mit ausgerandeten Seiten, welches an den vier Ecken in Fortsätze ausgezogen ist.

Die Grallae zeigen in Bezug auf die Gaumenbeinbildung eine gewisse Ähnlichkeit mit den Columbae; die Palatina sind schmal und rinnenförmig vertieft, aber der Innenrand ist kurz, senkrecht abfallend, die äußere Lamina schräg absteigend und tiefer herabreichend als die innere. Die Zwischenkieferfortsätze grenzen sich von der Gaumenbeinplatte nicht scharf ab, sondern letztere geht durch allmähliche Verschmälerung in dieselben über. Der Hinterrand ist frei, schräg abgestutzt und abgerundet, der hintere Innenwinkel läuft in einen kurzen Pterygoidfortsatz aus. Der aufsteigende Teil der Palatina ist kräftig entwickelt. Die freien Teile der Zwischenkieferfortsätze sind ungefähr anderthalb mal so lang als die Gaumenbeine selbst (Charadrius, Vanellus, Aramides, Rallina, Porphyrio, Machetes).

Bei Fulica sind die Gaumenbeinplatten sehr kurz und stark vertieft, indem die äußere und innere Lamina, namentlich die letztere, weit herabgebogen sind. Die Zwischenkieferfortsätze sind hier in ihrer ganzen Länge sehr schmal. Bei den Scolopacidae sind die Palatina außerordentlich kurz und tief rinnenförmig, die Zwischenkieferfortsätze verwachsen von Grund an mit dem den Schnabelrand bildenden Zwischenkiefer, was auch bei Numenius der Fall ist, wo die Palatina aber länger und breiter, der Innenrand sehr tief herabgebogen, der Außenrand schräg absteigend ist. Bei Anthropoides virgo ist der Innenrand tief herab und wieder nach auswärts gebogen, der Außenrand ebenfalls. Die Zwischenkieferfortsätze sind breit und verschmälern sich etwas in ihrem mittleren Teil. Als besondere Eigentümlichkeit ist bemerkenswert das doppelte Ineinandergreifen der Ränder der Pterygoidea und Palatina.

Bei den Longipennes sind die Palatina kurz und nicht sehr breit; die innere Lamelle ist kurz abwärts gebogen, die äußere schräg abfallend und weiter herabreichend, der Hinterrand schräg abgestutzt, der hintere Außenwinkel abgerundet, der Innenwinkel in einen kurzen Pterygoidfortsatz auslaufend. Die aufsteigenden Teile der Palatina sind sehr entwickelt und wie bei Ardea ist der Oberrand vorne etwas nach außen zurückgebogen. Bei Puffinus ist die innere Lamelle stark abwärts gezogen. Bei Procellaria sind die Palatina flach rinnenförmig mit absteigender innerer Lamelle, und die aufsteigenden Fortsätze scheinen mit einander verwachsen, wie auch bei Diomedea.

Ähnlich wie bei den Longipennes sind die Palatina auch bei den Urinatores gestaltet, schmal und seicht rinnenförmig, hinten schräg abgestutzt und abgerundet, die äußere Lamelle ist ziemlich flach ausgebreitet, die innere kurz absteigend. Die freien Teile der Zwischenkieferfortsätze sind ungefähr so lang wie die Palatina selbst, und die Form der aufsteigenden Teile entspricht der bei den Longipennes. Bei Podiceps verläuft der Außenrand der Palatina gebogen, und die Zwischenkieferfortsätze sind sehr schmal. Bei den Spheniscidae sind die Palatina breiter und hinten ausgerandet.

Eine dritte Gruppe bilden die Vögel, deren Palatina weder unmittelbar, noch durch Vermittlung des Vomer miteinander verwachsen sind, indem der Vomer mit seinem gegabelten Ende dem vorderen spitzen Ende des Rostrums aufsitzt und nur eine häutige Verbindung zwischen den Vomerfortsätzen der Palatina und dem Vomer besteht. Hierher gehören die Rasores und Columbae. Nur bei Crax Daubentoni fand ich einen blattförmigen vertikalen Vomer, der sich hinten in zwei Platten spaltet, deren oberer Rand mit den Palatina direkt durch Bandmasse verbunden ist.

Bei den Rasores sind die Palatina zu schmalen Leisten reduziert, welche nach vorne in gleich schmale und lange zugespitzt endende Zwischenkieferfortsätze übergehen. Der aufsteigende Teil ist stark gewölbt und legt sich mit ziemlich breiter Fläche den Seiten des Rostrums an. Äußere und innere Lamina kommen nicht zur Entwicklung. Zwischen den Palatina liegt das Rostrum frei.

Auch bei den Columbae sind die Palatina auf der unteren Seite des Rostrums weder verwachsen, noch überhaupt zusammenstoßend. Die Gaumenbeine sind sehr schmal, aber durch die herabgebogenen seitlichen Ränder tief rinnenförmig ausgehöhlt. Der vordere Innenwinkel läuft in einen kurzen Fortsatz aus. Der sehr schmale Hinterrand ist seiner ganzen Breite nach mit dem Pterygoid verbunden. Die Zwischenkieferfortsätze sind sehr dünn, schmal und kurz, enden zugespitzt, und der freie Teil derselben ist nur ungefähr halb so lang als das Gaumenbein selbst.

Während bei allen bisher besprochenen Vögeln die Palatina in längerer oder kürzerer Ausdehnung dem Rostrum anliegen, stehen die Lamellirostres insofern für sich, als hier die Palatina das Rostrum kaum berühren. Die Verbindung der Palatina mit dem Pterygoid ist hier eine ganz eigenartige und wurde oben beschrieben; sie ist eine sehr innige, ohne daß dadurch der Beweglichkeit Eintrag geschieht. Die Palatina sind in der Regel ziemlich breit und kräftig, schräg gestellt, mit fehlender innerer Lamelle und stark entwickeltem aufsteigendem Teil. Der Hinterrand ist fast gerade abgestutzt, der hintere Außenwinkel spitz. Gegen die Mitte zu etwas schmäler werdend, nehmen die Gaumenbeine nach vorne wieder an Breite zu, um in die fast gleichbreiten kurzen Zwischenkieferfortsätze überzugehen, deren Innenrand nach außen eingebogen verläuft. Die aufsteigende Platte des Gaumenbeins endet nach hinten in einen Pterygoidfortsatz. Nicht immer ist die Grenze der pars perpendicularis und horizontalis wie gewöhnlich durch eine scharfe Kante gekennzeichnet, indem namentlich bei sehr schräger, der Senkrechten sich nähernder Stellung der Gaumenbeinplatten diese ohne deutliche Grenze in die aufsteigenden Teile der Palatina übergehen, so bei Cygnopsis cygnoides, bei Anser brachyrhynchus, wo die Breite der Zwischenkieferfortsätze auffällt, auch das Hinterende der Palatina abweichend gestaltet ist. Bei Chauna chavaria sind die Gaumenbeinplatten hinten abgeschrägt, verschmälern sich nach vorne bedeutend und der Innenrand ist in der Mitte spitz vorspringend. Sie stehen noch weiter auseinander, als bei den übrigen Lamellirostres, und die aufsteigenden Fortsätze sind dementsprechend noch viel mehr entwickelt. Die Zwischenkieferfortsätze sind hier sehr schmal, verbreitern sich aber nach vorn. Auch hinsichtlich der Verbindung mit den Pterygoidea zeigt sich hier eine Verschiedenheit gegenüber den Lamellirostres, indem das vordere Ende der Pterygoidea einfach mit seinem verdickten Ende dem hinteren Rand des aufsteigenden Teiles der Palatina gelenkig eingefügt ist.

Bei Mergus sind die Palatina außerordentlich schmal, leistenförmig, hinten abgerundet, die aufsteigenden Teile kurz und wenig entwickelt. Die Zwischenkieferfortsätze sind kurz, etwas schmäler als die Palatina selbst. Phoenicopterus gehört auch in Bezug auf die Formation des Kiefergaumenapparates nicht zu den

Lamellirostres. Die Palatina sind hier ziemlich breit und flach, die innere Lamelle ist am hinteren Ende tief abwärts gezogen und etwas nach außen gebogen. Sie bewegen sich im Gegensatz zu den übrigen Lamellirostres mit langer Gleitfläche auf dem Rostrum.

Bei den Picidae zeigt der Kiefergaumenapparat eine völlig abweichende Struktur. Die Gaumenbeine sind lang und schmal, die Gaumenbeinplatte selbst ist von langgezogen viereckiger Gestalt, auf der Unterseite seicht vertieft. Der Hinterrand ist teils schräg, teils gerade abgestutzt und oft etwas ausgerandet. Der aufsteigende Teil des Palatinums zieht sich nach hinten in einen langen Fortsatz (Pterygoidfortsatz) aus, der aber mit dem Rostrum nicht in Berührung tritt, sondern eine ausgedehnte Verbindung mit den nach vorne gerichteten langen Palatinfortsätzen der Pterygoidea eingeht. Diese Pterygoidfortsätze sind meist von dreieckiger Gestalt, mehr oder weniger lang und spitz zulaufend, bei Picus medius endet er hinten nicht spitz, sondern mit breiter halbkreisförmig ausgeschnittener Kante. Die Zwischenkieferfortsätze sind schmal und treten erst in ihrem vordersten Teil mit dem Zwischenkiefer in Verbindung. Bei Junx sind die Palatina außerordentlich schmal, durch Zusammenlaufen des äußeren und inneren Randes erscheinen dieselben am hinteren Ende spitz zulaufend, der Hinterrand verschwindet. Das keilförmige Übereinandergreifen der Palatin- und Pterygoidfortsätze bei den Spechten wird die Erschütterung abschwächen, welche der Kiefergaumenapparat bei der Benützung des Schnabels zum Hämmern und Meißeln erfährt. Dasselbe wird eine geringe Verschiebung in der Längsrichtung, ein Übereinandergleiten der durch dehnbare Bandmasse verbundenen Fortsätze zur Folge haben können, außerdem wird eine federnde Bewegung an der Stelle stattfinden, wo die Pterygoidea unter einem Winkel in die Fortsätze übergehen.

III. Vomer.

Der Vomer ist ein unpaarer, in der Medianlinie zwischen den beiden Palatina gelegener Knochen, dessen ursprünglich paarige Anlage übrigens in den meisten Fällen durch Spaltung an seinem hinteren Ende, oder eine auf der unteren Kante verlaufende Längsrinne angedeutet ist. Magnus hat bei jungen Vögeln 2 bis 3 Tage nach dem Auskriechen und noch später den Vomer durch eine mediane Spalte in zwei Platten getrennt gesehen. Der Vomer stützt sich mit seinem hinteren Ende meist auf die Palatina, während er nach vorne frei endet. Mit den Pterygoidea kommt er bei den karinaten Vögeln nie in Berührung, dagegen häufig mit dem Rostrum sphenoicale, dessen vorderem Ende er bei den Gallidae und Columbae aufsitzt, während bei andern sein hinterer Teil schlittenartig auf der Basis des Rostrums gleitet.

Der Vomer nimmt an der Bewegung des Kiefergaumenapparates nur passiv teil, wohl aber unterstützt er vielfach wesentlich die Führung desselben, ferner stellt er in vielen Fällen eine federnde Verbindung zwischen den sonst getrennten beiden Palatina her und erscheint endlich immer als Träger einer häutigen hinteren Nasenscheidewand. Das Fehlen eines Vomer, wie wir es bei ganzen Familien beobachten, hat also keine Bedeutung für die Hauptaufgabe des Kiefergaumenapparats. Er ist entbehrlich, wo schon in anderer Weise eine genügende Sicherheit der Führung geboten ist, wo die Palatina eine direkte Verwachsung miteinander eingehen, oder wo das Interorbitalseptum soweit nach vorne sich erstreckt, daß die häutige Nasenscheidewand von nur geringer Ausdehnung einer unteren Stütze nicht bedarf.

Als Hauptformen des Vomer mögen wesentlich folgende zu unterscheiden sein:

a) Der Vomer ist eine senkrechte, dünne Knochenplatte, deren obere und untere Kante leistenartig verdickt sein kann, oder die nach oben scharfkantig, nach unten verdickt und mit deutlicher Längsrinne versehen ist. Am hinteren Ende ist dieser Vomer entweder herzförmig ausgeschnitten, oder mehr oder weniger tief gespalten, nach vorne meist spitz zulaufend.

Von dieser Form ist der Vomer bei den Raptatores mit Ausnahme der Vulturidae, wo er fehlt (wie auch bei Gypogeranus), bei den Lamellirostres und Podicipidae und unter den Rasores bei Crax.

Der Vomer der Falconidae ist eine lange, aber nicht sehr hohe dünne Knochenplatte, welche vorne zwischen den sich in der Medianlinie fast berührenden Maxillopalatina spitz zuläuft und hinten entweder einfach endet, oder herzförmig ausgeschnitten ist. Eine solche herzförmige Ausrandung beobachtet man z. B. bei Falco tinnunculus. Bei den Strigidae ist der Vomer z. T. sehr kräftig entwickelt, am hintern Ende verdickt und spongiös, nach vorne dünner, mehr blattförmig und spitz zulaufend, wie bei Strix flammea, oder auch bei Strix bubo, oder er ist auch hier nur ein dünnes Knochenplättchen (z. B. bei Strix noctua).

Bei Coracias (Coccygomorphae) ist der Vomer ebenfalls hinten nicht gespalten, schwach und dünn, eine senkrechte, niedere, vorne zugespitzt endende Platte.

Bei den Lamellirostres ist der Vomer, ähnlich wie bei den Accipitres, eine langgestreckte, aber höhere Knochenplatte, deren oberer leistenförmig verdickter Rand durch die außerordentlich weit vorragenden spitzen Vomerfortsätze der Palatina gebildet wird und deren hinteres Ende meist tief gespalten erscheint, während die untere Kante bisweilen verbreitert und mit einer seichten Längsfurche versehen ist, so bei Cygnus und Mergus. Bei Cereopsis und Chauna finden wir einen ober- und unterseits scharfkantigen, dünn blattförmigen, hinten nicht gespaltenen Vomer.

Auch bei den Podicipidae ist der Vomer senkrecht, dünn blattförmig, lang und weit vorragend, hinten geteilt und mit den langen spitzen Vomerfortsätzen der Palatina verbunden.

Bei den Raptatores kommt dem Vomer nur die Aufgabe zu, eine Scheidewand zwischen den beiden Choanen zu bilden, da die Palatina untereinander verwachsen sind und der Vomer das Rostrum nicht berührt; bei den Lamellirostres aber funktioniert derselbe nicht bloß als Träger der hintern Nasenscheidewand, sondern auch als Verbindungsglied der beiden Palatina, ohne jedoch auf dem Rostrum zu gleiten.

b) Der Vomer hat die Form einer länglich vierseitigen horizontalen, nach unten fast konvexen, nach oben konkaven Platte, deren Seitenränder vorne sich nach aufwärts biegen und in Form nach innen gekrümmter Hörner nach vorne weit vorspringen, so daß dadurch der Vomer an der vorderen Kante nicht abgestutzt, sondern tief ausgerandet erscheint. Diese aufwärts gebogenen Seitenränder sind auf der Außenseite rischenartig vertieft. Mitunter sind dieselben nur ganz schwach aufgebogen, oder der Vomer endet ganz flach mit seicht gezähntem Vorderrand (Bombycilla). Hinten ist der Vomer tief gespalten. Diese Form ist den Passeres, am ausgesprochensten den Corvidae, eigen und findet sich ebenso bei Cypselus. Mitunter ist dieser Vomer auch ganz kurz, und seine Gabeläste sind untereinander und mit den Palatina, wie diese selbst, verschmolzen (Coccothraustes etc.).

In der Regel vermittelt also der Vomer bei den Passeres nur die Verbindung der beiden Palatina, und wo bei den mit besonders kräftigem Schnabel zum Knacken harter Samen versehenen Arten, den an die Psittaci sich anlehnenden Formen, eine mediane Verwachsung der Palatina stattfindet, verliert er auch diese Funktion, seine Gabeläste verschmelzen gleichfalls miteinander. An der Führung des Kiefergaumenapparates beteiligt sich der Vomer bei den Passeres in keinem Fall.

c) Der Vomer hat die Gestalt eines schmalen, stabförmigen, nach vorne sich verbreiternden und in eine kurze dreizinkige Gabel endenden Knöchelchens; die beiden äußeren Zinken sind etwas breiter als die mittlere. So ist der Vomer bei den Picidae gestaltet. Derselbe liegt zwischen den aufsteigenden Fortsätzen der Palatina, resp. den nach hinten sich erstrecken den Pterygoidfortsätzen, mit welchen derselbe am Hinterende durch Bandmasse verbunden ist. Da derselbe, an und für sich sehr unbedeutend, bei der Maceration leicht verloren geht, scheint er Huxley's Beobachtung entgangen zu sein, da dieser zwei dünne Knochengräten, welche sich zwischen den Palatina mit ihren freien Enden weit nach hinten erstrecken, als Vomer deutete. Wir haben auch hier keine paarigen Ossa vomeris, sondern einen unpaaren Vomer, der, in seiner Form der der Ägithognathen sich nähernd, nur in Bezug auf seine Verbindung mit den Palatina eine Besonderheit aufzuweisen hat. Darnach nehmen die Picidae nicht jene exceptionelle Stellung in Bezug auf Bildung des Kiefergaumenapparates ein, die ihnen von Huxley zugewiesen und auch von Fürbringer anerkannt wurde. Auf der beigegebenen Tafel findet sich eine vergrößerte Darstellung des Kiefergaumenapparates von Picus viridis, welche die Form des Vomer deutlich erkennen läßt.

d) Der Vomer ist ein gerader, nadelförmiger, oder schwach gebogener lanzettförmiger, vorne spitz endender, hinten gabelförmig gespaltener Knochen, welcher dem Rostrum aufsitzt und mit den Palatina nicht in unmittelbarer Verbindung steht. Von dieser Form trifft man ihn bei den Gallidae und Columbae, soweit hier derselbe überhaupt vorhanden. So konnte ich z. B. bei Meleagris gallopavo einen Vomer überhaupt nicht finden; seine Stelle ist hier durch ein links und rechts vom Rostrum verlaufendes häutiges Band vertreten. Bei Crax ist der Vomer wesentlich verschieden, vertikal blattförmig, ähnlich wie bei den Raubvögeln, aber hinten gespalten und mit Längsfurche auf der unteren verbreiterten Kante versehen.

Bei den Tauben hat der Vomer die Feinheit einer Nadel und ist so lose mit dem Rostrum verbunden, daß er nur bei sorgfältigster Präparation erhalten bleibt, weshalb das Vorhandensein eines Vomer bei den Tauben teilweise negiert wurde.

e) Der Vomer ist eine niedrige dünne, hinten tief gespaltene Knochenplatte, welche sich dorsalwärts blattartig verbreitert und löffelartig ausgehöhlt oder rinnenförmig vertieft ist; letzterer Teil des Vomer läuft dann häufig in ein stark abwärts gebogenes spitzes, oder etwas abgestumpftes, zungenförmiges Ende aus. Dies ist die Form des Vomer bei den Grallae, Ciconiae, Longipennes und Urinatores. Doch auch hier finden sich Ausnahmen; so ist bei Platalea und Ibis der Vomer eine einfache, verdickte vertikale Knochenplatte, bei Scolopax aber teilweise ein sehr unbedeutender, dünner, blattförmiger, zugespitzter Knochen. Fast der ganzen unteren Kante entlang gespalten ist der Vomer bei den Ardeaarten.

Mit Ausnahme der Ciconiae kommt hier dem Vomer eine erhöhte Bedeutung zu, indem derselbe das Rostrum zwischen seinen nach aufwärts gewölbten Seitenteilen aufnimmt und so demselben zur Unterlage und dem Kiefergaumenapparat zur Führung bei seiner Bewegung dient.

Wie wir fünf Hauptformen des Vomer unterscheiden konnten, so lassen sich auch fünf verschiedene Arten seiner Verbindung mit den Palatina unterscheiden:

a) Der Vomer ist hinten mehr oder weniger tief gespalten, und seine Gabeläste verbinden sich in einer von hinten nach vorn schräg aufwärts steigenden Naht mit dem untern Rand der nach vorn gerichteten spitzen Ausläufer oder Vomerfortsätze der aufsteigenden Teile der Palatina. Bei den Lamellirostres reichen diese auffallend weit nach vorn und bilden die rundlich leistenförmige Verdickung, welche man für den oberen Rand des Vomer selbst zu halten geneigt sein möchte. Der Vomer kann dabei oben verbreitert erscheinen dadurch, daß diese Ausläufer der Palatina zwischen sich eine Rinne entstehen lassen.

Bei Podiceps sind Palatina und Vomer in gleicher Weise miteinander verbunden, wie bei den Lamellirostres. Die hier mehr flächenartig vertikal verbreiterten, sehr spitz und lang zulaufenden Vomerfortsätze der Palatina ragen beispielsweise bei Podiceps cristatus noch über das vordere Ende des Rostrums hinaus, infolgedessen hier die Palatina eine besonders lange Gleitfläche am Rostrum besitzen; der Vomer selbst tritt dagegen mit dem Rostrum nicht in Berührung, ist hinten geteilt, vorne senkrecht, dünn blattförmig, lang und weit vorragend, von der Form einer Taschenmesserklinge. Bei Colymbus arcticus enden die aufsteigenden Fortsätze nach vorne nur in eine kurze Spitze, welche nicht bis zum Vorderende des Rostrums reicht. Der Vomer ist in der Form dem von Podiceps ähnlich, aber vor der Spitze des Rostrums oben länglich oval verflacht, rinnenförmig vertieft und nach vorne spitz endend. Bei den Alcidae endet der aufsteigende Teil des Palatinums gleichfalls nach vorn kurz und spitz, aber mit breiter, dem Rostrum anliegender Fläche, deren Unterrand mit den Gabelästen des Vomer sich verbindet. Indem die Innenränder der Palatina, welche das geteilte Hinterende des Vomer zwischen sich fassen, hinter dem letzteren auf der Unterseite nach innen vorspringen, erhalten die Enden der Vomeräste nach hinten eine besondere Stütze. Ganz ähnliche Verhältnisse beobachten wir bei den Longipennes.

Während bei den Ardeidae ebenfalls der Vomer fast seiner ganzen Länge nach gespalten mit den Palatina in Verbindung tritt, unterseits scharfkantig, oberseits aber löffelartig verbreitert ist, ohne das Rostrum zu berühren, finden wir bei anderen verwandten Vögeln, wie bei Ibis und Platalea, einen blattförmigen, hinten einfachen, etwas angeschwollenen Vomer.

Bei den Grallae ist der Vomer tief gespalten, oben rinnen oder blattförmig ausgehöhlt, auf dem Rostrum gleitend, vorne zugespitzt und herabgebogen. So z. B. bei Grus; die beiden Seitenhälften des Vomer ziehen sich hier seitlich am Rostrum hinauf, eine tiefe Rinne bildend, um sich vor dem Rostrum nach den Seiten umzulegen, so daß dadurch die Oberseite des Vomer blattförmig gestaltet ist, während ventralwärts die beiden Seitenhälften verschmelzend den nach unten scharfkantigen Träger dieses blattförmigen Vomer bilden. An

vorderen Ende ist der Vomer bei den Grallae spitz, lanzett=
förmig herabgebogen. Bei Scolopax gallinago gleitet der
flach rinnenförmige, tief gespaltene Vomer auf der senkrechten
Knochenplatte, welche vom Schnabelrücken absteigend gewisser=
maßen eine Fortsetzung des Rostrums bildet, während bei
Scolopax rusticola der Vomer zwischen den Palatina nur
als eine dünne, vertikale, vorne in eine kürzer oder länger
ausgezogene Spitze endende Platte sichtbar wird.

In dieser ersten Gruppe finden wir die Sumpf= und
Schwimmvögel vereinigt, nämlich die Ciconiae und Grallae,
die Lamellirostres, Longipennes und Urinatores.

b) Der Vomer ist gleichfalls tief gespalten, aber die Vomeräste
sind nicht vertikal, sondern horizontal verflacht und mit den
aufsteigenden Teilen der Palatina in der Weise verwachsen,
daß die Grenze zwischen den Palatina und dem kurzen aber
breiten Vomer sich nicht bestimmen läßt. So bei den Passeres,
wie auch bei Cypselus. Bei einem Teil der ersteren ist der
ganz kurze Vomer mit den Palatina, wie diese untereinander,
so innig verwachsen, daß von einer Gabelteilung des Vomer
nichts mehr zu erkennen ist.

c) Der Vomer ist hinten einfach oder höchstens herzförmig aus=
geschnitten; er ist zwischen die Palatina hineingeschoben, ge=
wissermaßen eingekeilt, und während sein oberer Rand mit
den kurzen Vomerfortsätzen der Palatina verbunden ist, stützt
sich sein hinteres Ende auf die hinter dem Vomer zusammen=
schließenden Palatina (vgl. Alcidae), oder er ist, wie bei den
Strigidae, unterseits der Verwachsungsstelle der Palatina
angewachsen.

d) Der Vomer ist hinten gegabelt, die Verbindung mit den
Palatina ist durch Bindegewebssubstanz hergestellt, so daß
man am macerierten Schädel häufig den Vomer der vorderen
Spitze des Rostrums locker aufsitzend findet. Hierher ge=
hören die Rasores (exc. Crax) und Columbae.

e) Bei den Spechten ist der Vomer zwischen die Pterygoidfort=
sätze der Palatina eingeschoben, hinten nicht gegabelt und
seitlich durch Bandmasse mit denselben verbunden, so daß er

bei der Macerierung leicht verloren geht. Das Rostrum gleitet in einer Rinne, welche basalwärts vom Vomer, seitlich aber von den Palatinfortsätzen der Pterygoidea gebildet wird. Der Vomer gleitet bei der Bewegung auf dem Rostrum hin und her, ohne daß er hier für die Sicherheit dieser Bewegung eine besondere Bedeutung hat.

Bei den Papageien fehlt der Vomer stets, das Rostrum gleitet in einer von den in der Medianlinie verbundenen Palatina gebildeten Rinne, ebenso fehlt der Vomer bei den Steganopodes, wo die Gleitfläche der ebenfalls miteinander verwachsenen Palatina entweder, wie bei Sula, Phalacrocorax und Plotus, eine noch größere Längsausdehnung besitzt, oder, wie bei Pelecanus, die Führung zwar auf den hintersten Teil der Palatina beschränkt, aber eine viel sicherere ist. Auch bei den Coccygomorphae ist Verwachsung der Palatina und Fehlen des Vomer Regel.

Messungen.

Fürbringer hat a. a. O. S. 1020 darauf hingewiesen, daß, während bei osteologischen Untersuchungen mehrfach auf genaue Maßbestimmungen der einzelnen Skeletteile ein großes Gewicht gelegt wird und zweifelsohne solche Messungen für deskriptive Zwecke einen hohen Werth besitzen, solche absolute Maßangaben für komparative und taxonomische Zwecke sich nicht praktisch erweisen, weil die ungleiche Größe der verschiedenen Tiere eine direkte Vergleichung der Zahlen nicht gestattet, daß hier vielmehr das Bedürfnis eintrete, die Maße zu relativen Zahlen zu kombinieren.

Gerade bei den Knochen des Kiefergaumenapparates liegt es sehr nahe, von den Ergebnissen vergleichender Messungen ein aufklärendes Resultat zu erwarten. Eine größere Anzahl von Messungen an Vogelschädeln der Erlanger Universitätssammlung ließ, in der später angegebenen Weise kompariert, eine gewisse Gesetzmäßigkeit erkennen, welche als Spiel des Zufalls würde erklärt werden können, wenn nicht eine weit größere Anzahl von Maßen, welche mir an den ausgezeichnet präparierten Vogelschädeln der kgl. Staatssammlungen in München zu nehmen gütigst gestattet wurde, das gleiche Resultat ergeben hätten. Wenn dasselbe allerdings nicht eben als ein „aufklärendes" bezeichnet werden kann, so mag es doch mindestens beachtenswert erscheinen. Die obigen Worte Fürbringers waren es, die mich hauptsächlich veranlaßten, die Sache weiter zu verfolgen, und mich ermutigten, die Resultate in den folgenden Tabellen niederzulegen.

Die Medianlinie verbindet den Mittelpunkt des Hinterhauptskondylus mit der Schnabelspitze; denken wir uns durch dieselbe drei Senkrechte gezogen und zwar die erste durch die Gelenkstelle der Pterygoidea mit dem Quadratum, eine zweite durch die

Verbindungsstelle der Pterygoidea mit den Palatina und eine dritte durch die Punkte, in welchen die äußeren Ränder der Zwischenkieferfortsätze mit dem Schnabelrand zusammenlaufen, so können wir vier Maße nehmen, nämlich:

Entfernung a) des Hinterhauptskondylus von der Gelenkstelle der Pterygoidea mit Quadratum;
Entfernung b) des Hinterhauptskondylus von der Verbindungsstelle der Pterygoidea mit den Palatina;
Entfernung c) des Hinterhauptskondylus vom vorderen Ende der Zwischenkieferfortsätze;
Entfernung d) des Hinterhauptskondylus von der Schnabelspitze.

Während die Auswahl der zu nehmenden Maße sich im gegebenen Fall eigentlich von selbst ergibt, hat man bei der praktischen Ausführung der Messungen mit mancherlei Schwierigkeiten zu kämpfen. Namentlich gilt dies von der Bestimmung der Länge c, welche teilweise nur eine approximative sein konnte.

Die Differenz d—c dürfen wir dann als Maß der Schnabellänge ansehen, die Differenz c—b gibt uns die Länge der Palatina mit Einschluß der freibleibenden Teile der Zwischenkieferfortsätze, und die Differenz b—a ist ein Maß nicht sowohl für die Länge der Pterygoidea, als vielmehr für die Neigung derselben gegeneinander, indem diese Zahl um so größer ist, je spitzer der Winkel ist, unter welchem die Pterygoidea sich begegnen.

Stellt man nun weiter die Verhältnisse $\frac{d-c}{c-b}$ und $\frac{c-b}{b-a}$ fest, so ergibt sich bei Berechnung der Mittelwerte für die einzelnen Familien, daß mit wachsender Verhältniszahl $\frac{d-c}{c-b}$ die Verhältniszahl $\frac{c-b}{b-a}$ im allgemeinen abnimmt, so daß sich folgende Reihe aufstellen läßt, welche die Gültigkeit dieses Satzes gerade für einige wichtigere Familien feststellt.

	$\frac{d-c}{c-b}$		$\frac{c-b}{b-a}$
Accipitres	0,45	Psittaci	1,21
Strigidae	0,57	Alcedinidae	1,41

Gallidae	0,57	Caprimulgidae	1,75
Otididae	0,62	**Upupidae**	**1,83**
Psittaci	0,66	Rhamphastidae	1,89
Picidae	0,76	**Aramidae**	**2,00**
Cypselidae	0,80	**Colymbidae**	**2,01**
Cuculidae	0,83	Coraciidae	2,25
Caprimulgidae	0,92	**Columbae**	**2,35**
Passeres	**0,94**	Laridae	2,54
Aptenodytidae	1,23	**Anseres**	**2,62**
Alcidae	**1,28**	**Podicipidae**	**2,69**
Dicholophidae	1,34	Aptenodytidae	2,70
Coraciidae	1,50	Steganopodes	2,82
Laridae	1,52	Cypselidae	2,82
Palamedeidae	**1,52**	Strigidae	2,92
Rallidae	1,54	**Palamedeidae**	**3,12**
Podicipidae	**1,67**	**Alcidae**	**3,19**
Anseres	**1,90**	Gruidae	3,22
Columbae	**2,11**	**Passeres**	**3,29**
Phoenicopteridae	2,13	Limicolae	3,47
Colymbidae	**2,17**	Pelargo-Herodii	3,48
Procellariidae	2,17	**Gallidae**	**3,56**
Gruidae	2,21	Procellariidae	3,58
Aramidae	**2,37**	Cuculidae	3,73
Steganopodes	2,47	Rallidae	3,89
Pelargo-Herodii	3,26	Picidae	4,09
Alcedinidae	3,27	**Accipitres**	**4,34**
Upupidae	**4,37**	Dicholophidae	5,00
Limicolae	4,78	Otididae	5,00
Rhamphastidae	5,59	Phoenicopteridae	5,47

Übrigens ließen sich diejenigen Familien, welche sich der obigen Hauptreihe nicht einfügen, in folgende Gruppen teilen, innerhalb welcher das gleiche Verhältnis stattfinden würde:

1) Cypselidae   0,80 : 2,82   2) Aptenodytidae . 1,23 : 2,70
    Coraciidae   . . 1,50 : 2,25   Laridae . . . . 1,52 : 2,54
    Rhamphastidae . 5,59 : 1,89

3) Strigidae	0,57 : 2,92	4) Picidae	0,76 : 4,09
Psittaci	0,66 : 1,21	Cuculidae	0,83 : 3,73
		Caprimulgidae	0,92 : 1,75
5) Otididae	0,62 : 5,00	6) Phoenicopteridae	2,13 : 5,47
Dicholophidae	1,34 : 5,00	Procellariidae	2,17 : 3,58
Rallidae	1,54 : 3,89	Gruidae	2,21 : 3,22
Pelargo-Herodii	3,26 : 3,48	Steganopodes	2,47 : 2,82
Limicolae	4,78 : 3,47	Alcedinidae	3,27 : 1,41

In ähnlicher Weise lassen sich solche Gruppen auch innerhalb der einzelnen Familien feststellen, ja selbst bei den Individuen einer und derselben Art herrscht dieselbe Tendenz. Wenn in den nachfolgenden Tabellen sowohl die Glieder einzelner Reihen, wie auch ganze Reihen selbst (vgl. z. B. die Reihe der Ardeidae) eine Ausnahme von der aufgestellten Regel bilden, so glaube ich, daß damit deren Giltigkeit im allgemeinen nur um so deutlicher hervortritt und ich hielt es nicht für ratsam, dieselben einfach wegzulassen, um nicht den Vorwurf einer absichtlichen Purifizierung der aufgestellten Reihen auf mich zu laden.

Will man die Bedeutung der durch die gegebenen Zahlen festgestellten Thatsache in Worte kleiden, so möchte dies am besten in folgendem Satz ausgedrückt sein:

Langer Schnabel, kurze Palatina, spitze Pterygoidea,
Kurzer Schnabel, lange Palatina, stumpfe Pterygoidea.

— 44 —

1) Acciptres 0,45 : 4,34

1) Falco aesalon	0,31 : 6,01	2) Archibuteo lagopus	0,33 : 4,52
Heteroaetus melanoleucus	0,33 : 4,45	Buteo vulgaris	0,37 : 4,50
Falco tinnunculus	0,37 : 3,93	Pernis apivorus	0,51 : 6,20
Falco cenchris	0,36 : 3,73		
3) Astur palumbarius	0,41 : 4,98	4) Falco subbuteo	0,29 : 4,20
Astur nisus	0,42 : 4,82	Circus cineraceus	0,33 : 3,87
5) Pandion haliaetus	0,35 : 5,07	6) Gypohierax angolensis	0,95 : 5,29
Aquila fulva	0,39 : 5,21		
Aquila naevia	0,40 : 5,00		
Milvus regalis	0,43 : 4,86		
Haematornis bacha	0,51 : 2,80		

2) Strigidae 0,57 : 2,92

1) Surnia noctua	0,48 : 2,52	3) Strix aluco	0,56 : 3,58
Noctua cunicularis	0,58 : 2,40	Strix bubo	0,57 : 3,36
		Strix otus	0,62 : 2,95
2) Surnia passerina	0,54 : 2,88	Strix brachyotus	0,65 : 2,72

3) Gallidae 0,57 : 3,56

1) Perdix dentata . . 0,35 : 2,31	2) Coturnix communis 0,50 : 3,26	3) Tetrao cupido . . 0,39 : 4,00
Perdix cinerea . . 0,69 : 3,15	Lagopus albus . . 0,58 : 2,88	Tetrao tetrix . . 0,46 : 3,44
Perdix saxatilis . 0,78 : 2,89	Lagopus alpinus . 0,59 : 3,94	Tetrao urogallus . 0,47 : 3,92
Perdix rubra . . 0,81 : 2,29		Tetrao bonasia . 0,55 : 2,97
Perdix graeca . . 0,82 : 2,62		
4) Phasianus colchicus 0,50 : 5,19	5) Numida meleagris . 0,53 : 5,57	
Gallus domesticus . 0,56 : 3,78	Crax alector . . 0,50 : 4,05	
Pavo cristatus . . 0,63 : 4,89	Crax Daubentoni . 0,51 : 3,58	
Meleagris gallopavo 0,66 : 4,93		

4) Otididae 0,62 : 5,00
5) Psittaci 0,66 : 1,21

1) Cacatua citrinocristata . . . . 0,21 : 1,41	2) Psittacula cana	0,29 : 1,17
Callipsittacus Novae-Hollandiae . . 0,33 : 1,33	Ara macao	0,48 : 0,96
Psittacula pullaria . . . . . . 0,59 : 1,31		
Cacatua leucolopha . . . . . 0,65 : 1,11	4) Euphema pulchella	0,62 : 1,23
	Melopsittacus undulatus	0,67 : 1,20
3) Chrysotis ochroptera . . . . . 0,62 : 1,33	Palaeornis Luciani	0,75 : 1,09
Eclectus Linnei . . . . . . 0,72 : 1,29	Psittacus erithacus	0,76 : 1,09
Bulborhynchus monachus . . . . 0,80 : 1,25	Brotogerys tirica	0,78 : 1,00

— 46 —

6) Picidae 0,76 : 4,09

1) Picus canus	0,56 : 5,61	2) Junx torquilla	0,40 : 4,29
Picus viridis	0,81 : 4,70	Picus medius	0,60 : 3,33
Picus tridactylus	1,00 : 4,14	Picus major	0,84 : 2,82
Picus martius	1,28 : 3,57		

7) Macrochires 0,94 : 1,96

Cypselus apus	0,90 : 2,38
Caprimulgus europaeus	0,98 : 1,54

8) Passeres 0,94 : 3,29

1) Padda oryzivora	1,00 : 2,67	2) Cardinalis virginianus	0,92 : 2,40
Passer montanus	1,15 : 2,30	Pyrrhula rubicilla	1,07 : 1,78
Acanthis linaria	1,18 : 2,20	Loxia curvirostra	1,43 : 1,65
Fringilla coelebs	1,20 : 2,22	Loxia pityopsittacus	1,46 : 1,48
Fringilla canaria	1,48 : 1,94	Coccothraustes vulgaris	2,00 : 1,44
Fringilla montifringilla	1,56 : 2,29		
Passer domesticus	1,59 : 1,73	3) Ploceus sanguinirostris	0,86 : 2,33
Fringilla cannabina	1,60 : 1,67	Euplectes franciscanus	0,88 : 2,00
Fringilla chloris	1,65 : 1,47	Hyphantornis textor	1,44 : 1,80
Carduelis elegans	2,25 : 1,66	Ploceus madagascariensis	1,50 : 1,50
Chrysomitris spinus	2,25 : 1,33		

4) Motacilla alba	0,56 : 4,17		5) Anthus spinoletta	0,70 : 3,86
Motacilla boarula	0,71 : 4,00		Anthus arboreus	0,73 : 3,67
Motacilla flava	0,91 : 3,67		Anthus pratensis	0,95 : 3,17
6) Hypolais salicaria . . .	0,75 : 4,80		7) Sitta europaea	0,59 : 4,14
Icterus vulgaris . . .	1,00 : 4,25		Accentor alpinus	0,69 : 3,71
Oriolus galbula . . .	1,20 : 3,77		Certhia familiaris	0,73 : 3,67
Sturnus vulgaris . . .	1,25 : 3,45		Pitta granatina .	0,80 : 3,09
Cinclus aquaticus . . .	1,27 : 3,25		9) Sylvia hortensis	0,37 : 5,40
Agelaius phoeniceus	1,40 : 2,00		Sylvia atricapilla	0,44 : 5,00
8) Parus major	0,48 : 3,00		Leyothrix lutea .	0,54 : 3,25
Parus caudatus . . .	0,53 : 3,75		Turdus pilaris .	0,55 : 3,64
Parus palustris . . .	0,53 : 2,83		Turdus musicus .	0,60 : 3,50
Parus ater	0,59 : 2,83		Turdus torquatus	0,66 : 2,92
Parus cristatus . . .	0,69 : 2,67		Sylvia atricapilla .	0,85 : 2,86
Bombycilla garrula . .	1,00 : 2,30		Regulus cristatus	1,25 : 2,60
Parus coeruleus . . .	1,20 : 1,67		Emberiza citrinella	0,64 : 3,02
10) Hirundo riparia . . .	0,30 : 3,33		Lanius excubitor	0,66 : 2,96
Hirundo rustica . . .	0,31 : 3,71		Lanius ruficeps .	0,77 : 2,60
Hirundo urbica . . .	0,45 : 3,33		Lanius collurio .	0,80 : 2,50
Emberiza miliaria . .	0,50 : 3,00		Muscicapa atricapilla	0,84 : 2,71
Emberiza schoeniclus . .	0,58 : 3,80			
Lanius minor . . .	0,62 : 2,07			

— 48 —

11) Tichodroma muraria 0,85:5,50
    Pyrrhocorax alpinus 0,96:4,89
    Corvus corone 1,06:4,55
    Corvus frugilegus 1,06:4,39
    Corvus cornix 1,06:4,29
    Corvus corax 1,06:3,93
    Corvus pica 1,08:3,88
12) Corvus monedula 0,79:4,18
    Garrulus glandarius 1,02:3,62
    Nucifraga caryocatactes . . . 1,30:3,38
    Cyanocorax cyanopogon . . . 1,62:2,67

13) Lusciola luscinia 0,53:5,00
    Ruticilla tithys 0,68:3,67
    Erythacus rubecula 1,25:2,00
14) Ruticilla phoenicura 0,82:5,50
    Turdus merula 0,83:5,00
    Mimus carolinensis 1,33:4,00
15) Alauda arborea 0,81:4,20
    Alauda cristata 0,89:5,20
    Alauda arvensis 0,89:4,30
    Melanocorypha calandra . . 1,04:4,43

9) **Aptenodytidae** 1,23:2,70
10) **Alcidae** 1,28:3,19

    Mergulus alle 1,12:3,20
    Alcus torda 1,44:3,18
    Uria troile 2,24:2,78

11) **Dicholophidae s. Cariamidae** 1,34:5,00
12) **Laridae** 1,52:2,54.

1) Lestris antarctica . . . . . . 1,15:3,08   Larus vociferus . . . 1,39:2,77
    Lestris pomarina . . . . . . 1,20:2,67   Larus marinus 1,40:2,49
    Sterna nigra . . . . 1,85:2,36   Larus glaucus 1,40:2,31
    Sterna hirundo . . . . 2,06:2,00   Larus canus 1,41:2,90
2) Larus fuscus . . . . 1,36:2,20   Larus ridibundus . . . 1,84:2,26

13) Rallidae 1,54 : 3,89

1) Crex pratensis . . . . . . 0,91 : 4,86	2) Rallina gigas . . . . 1,58 : 2,67
Gallinula chloropus . . . . . 1,18 : 4,25	
Fulica atra . . . . 1,34 : 3,57	
Porphyrio antiquorum . . . . 1,36 : 3,67	
Rallus aquaticus . . . . . 2,44 : 3,12	

14) Podicipidae 1,67 : 2,69

Podiceps cornutus . . . . 1,23 : 3,50
Podiceps minor . . . . 1,34 : 2,61
Podiceps cristatus . . . . . . 2,06 : 2,32

15) Anseres 1,90 : 2,62

1) Somateria mollissima . . . 1,11 : 3,52	2) Chenalopex aegyptiaca . . . 1,45 : 3,30
Mergus albellus . . . . . 1,26 : 2,94	Cereopsis novae Hollandiae . 1,48 : 2,27
Mergus merganser . . . . . 1,90 : 1,88	Anser brachyrhynchus . . . 1,86 : 2,20
Mergus serrator . . . . . . 2,16 : 1,67	Anser segetum . . . . . 2,05 : 2,03
	Anser domesticus . . . . 2,07 : 1,67
3) Cygnus olor . . . . . . 1,61 : 4,04	4) Anas clangula . . . . . 1,64 : 3,36
Anas clypeata . . . . . . 2,36 : 3,44	Anas crecca . . . . . . 1,89 : 3,00
Tadorna vulpanser . . . . . 2,55 : 2,86	Cairina moschata . . . . 1,97 : 2,73
	Anas poicilorhynchus . . . 2,36 : 2,44
	Anas boschas . . . . . 2,46 : 2,19
	Anas acuta . . . . . . 2,73 : 1,95

4

— 50 —

5) Anas penelope . . . . 1,50 : 2,75
Oedemia fusca . . . . 1,71 : 2,55
Casarca rutila . . . . 1,87 : 2,56
Anas fuligula . . . . 1,90 : 2,33
Fuligula nyroca . . . . 2,10 : 2,11

16) Columbae 2,11 : 2,35

1) Streptopeleia risoria . . . 1,78 : 2,25 2) Columba infuscata . . . 1,82 : 2,75
Columba frontalis . . . . 2,11 : 2,11   Palumbus torquatus . . . 2,09 : 2,54
Peristera turtur . . . . . 2,37 : 2,07   Columba oenas . . . . . . 2,12 : 2,33
                                           Columba domestica . . . . 2,23 : 2,17

17) Phoenicopteridae 2,13 : 5,47
18) Colymbidae 2,17 : 2,01

Colymbus septentrionalis . . . . . 2,16 : 2,00
Colymbus arcticus . . . . 2,17 : 2,04

19) Procellarcidae 2,17 : 3,58

Procellaria gigantea . . . . 1,28 : 4,83
Diomedea exulans . . . . 3,06 : 2,32

20) Gruidae 2,21 : 3,22

Grus cinerea . . . . 2,44 : 3,90
Anthropoides virgo . . . . 1,97 : 2,54

21) Aramidae 2,37 : 2,00

— 51 —

22) Steganopodes 2,47 : 2,82

1) Pelecanus crispus . . . . . 6,33 : 3,00   3) Halieus carbo . . . . . 1,22 : 2,70
                                                Halieus leucogaster . . . 1,32 : 2,54
2) Sula alba . . . . 1,38 : 3,08
   Plotus melanogaster . . . . 2,09 : 2,78

23) Coccygomorphae 2,66 : 1,99

1) Guira piririgua . . . . . . 0,79 : 3,80   2) Halcyon sancta . . . . . 3,31 : 1,60
   Cuculus canorus . . . . . . 0,93 : 3,09   Alcedo ispida . . . . . . 3,35 : 1,18
   Coracias garrulus . . . . . 1,49 : 2,25
   Upupa epops . . . . 4,37 : 1,83   3) Rhamphastus ariel . . . 5,59 : 1,89

24) Pelargo-Herodii 3,26 : 3,48

1) Platalea leucorodia . . . . 2,71 : 2,68   2) Ciconia episcopus . . . 4,42 : 3,62
   Ibis calva . . . . 4,57 : 2,42   Ciconia alba . . . . . . 6,70 : 3,41
   Ibis melanopis . . . . . . 4,86 : 2,33
   Ibis falcinellus . . . . . 6,08 : 2,24

3) Ardea alba . . . . 1,33 : 3,58   Ardea minuta . . . . . . 1,59 : 4,10
   Ardea stellaris . . . . . 1,45 : 3,95   Ardea cinerea . . . . . 1,98 : 4,44
   Ardea nycticorax . . . . . 1,53 : 3,60   Ardea purpurea . . . . . 1,92 : 5,00

4*

25) Limicolae 4,78 : 3,47

1) Aegialites hiaticula . . . . . . 1,04 : 4,00
   Charadrius pluvialis . . . . . . 1,10 : 3,90
   Oedicnemus crepitans . . . . . 1,27 : 3,25
   Chionis minor . . . . 1,29 : 3,15
   Vanellus cristatus . . . . 1,50 : 2,91

2) Actitis hypoleucus . . . . . . 2,65 : 2,56
   Totanus calidris . . . . 2,68 : 3,88
   Tringa alpina . . . . 2,86 : 4,20
   Totanus ochropus . . . . 3,00 : 4,80

3) Haematopus ostralegus . . . . 3,47 : 3,40
   Recurvirostra avocetta . . . . . 4,93 : 3,87
   Limosa aegocephala . . . . . . 5,07 : 4,66

4) Numenius phaeopus . . . . . 5,38 : 3,50
   Numenius arquata . . . . . . 7,20 : 3,63

5) Gallinago major . . . . 7,11 : 2,67
   Scolopax rusticola . . . . 9,47 : 2,27
   Gallinago gallinula . . . . . . 11,1 : 1,60
   Gallinago media . . . . 14,7 : 2,55

Zum Schlusse sei es mir gestattet, Herrn Professor Dr. Selenka in Erlangen, welcher mir die Anregung zu dieser Arbeit gab und in liebenswürdigster Weise bei Ausführung derselben zur Seite stand, meinen wärmsten Dank auszusprechen. Ebenso schulde ich besonderen Dank Herrn Privatdozent Dr. Fleischmann in Erlangen für vielfache Unterstützung mit Rat und That, Herrn Professor Dr. von Zittel in München, welcher mir in liberalster Weise Zutritt und Einsicht in den einschlägigen Teil der kgl. Staatssammlungen gestattete, sowie Herrn Dr. Bolau, Direktor des zoologischen Gartens in Hamburg, für gütige Überlassung von Untersuchungsmaterial.